KRONIKI WARIATA
Z KRAJU I ZE ŚWIATA

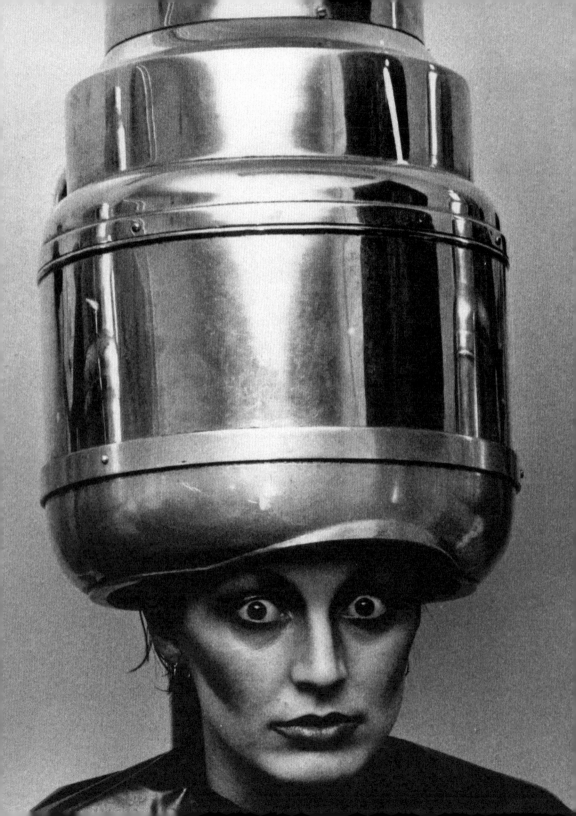

WOJCIECH MANN

KRONIKI WARIATA

Z KRAJU I ZE ŚWIATA

ZDJĘCIA TOMEK SIKORA

WYDAWNICTWO ZNAK

2012

OD (I DO) WYDAWNICTWA

Historia kontaktów Wydawnictwa z Autorem tej książki jest długa i bolesna – czego najdotkliwiej doświadczył Naczelny Znaku, Jerzy Illg, a o czym najdobitniej zaświadczą przytoczone poniżej fragmenty listów, maili i SMS-ów obu niejednokrotnie wyczerpanych szamotaniną partnerów. Nie jest to, jak wiadomo, pierwsza książka Wojciecha Manna wydana w Znaku, w związku z czym stan zdrowia Naczelnego ulega systematycznemu pogorszeniu (nerwy! bezsenność!). Z dalekiej wyspy Irlandii apeluje na przykład dramatycznie:

Czy posunął się Pan do przodu (nie w latach)? Dopisał coś? Punktem wyjścia musi być Pańska wizja całości książki. Proszę mnie uspokoić, bo mimo szumu Atlantyku źle tutaj sypiam.

Spotyka się to z reakcją pozornie troskliwą i pełną współczucia, która w gruncie rzeczy jest kolejnym cynicznym wybiegiem:

Zgodnie z prośbą apeluję, aby Pan się uspokoił.

Podobnie wymijających odpowiedzi było w przeszłości więcej – szczerze mówiąc, stanowiły one normę. Proszony o informację, jak postępuje praca nad tekstem, Autor odpowiada wyczerpująco:

Coś tam się wykluwa po kawałku.

Zapytany o konkretny termin dostarczenia gotowego tekstu, udziela odpowiedzi jak na niego zdumiewająco precyzyjnej:

Orientacyjnie tak za jakiś czas mniej więcej.

Wiele o pracowitości i mobilizacji Autora mówi ujawniana w licznych listach skłonność do wylegiwania się:

Panie Redaktorze Cierpliwy,
wysłałem umyślnym dysk z pouzupełnianym tu i ówdzie tekstem dzieła oraz z obrazkami i nawet stosownymi do niektórych z nich dopiskami. Teraz będę leżał bez ruchu i czekał. Que sera, sera.
Pozdrawiam serdecznie
wm

Czasem posuwa się dalej i eskapistycznie (wzorem Conrada)
sugeruje możliwość opuszczenia Ojczyzny:

Tytuł OK. Sikora jutro. Koźlik negotiated. Nawał
spraw. Przewiduję emigrację.

– co spotyka się, jak zawsze, z życzliwą radą, z reakcją serdeczną
i pełną troski:

Drogi Panie Wojtku,
jeśli chodzi o emigrację – polecam Koreę
(oczywiście Północną). Tam nie będzie zbyt wielu
pokus, które by Pana rozpraszały.
Proszę się odprężyć i oddychać głęboko.

Chwilami spontaniczne wyznania Naczelnego – będącego
zarazem oddanym słuchaczem Trójki – zdawały się wprawiać
Autora w zakłopotanie (co akurat nie świadczy o nim najgorzej
– przeciwnie: to jedna z niewielu prawdziwie ujmujących cech
charakteru ujawnianych w tych listach):

Panie Wojtku, słucham właśnie Pańskiej audycji.
Może to głupio zabrzmi, ale uwielbiam Pana.

Panie Redaktorze, to piękne i śmiałe wyznanie,
ale nie wiem, czy nie myli mnie Pan z kimś innym.

Zupełnie wyjątkowe były sytuacje, kiedy Autor okazywał się chętny
do współpracy i zadowolony z niej:

Drogi Znaku,
zgodnie ze sprawdzoną Fordowską metodą daliście
mi wybór dowolnego zdjęcia spośród jednego
z ostatniej sesji. W tej sytuacji po namyśle
wybieram propozycję numer jeden. Z czystej
ciekawości obejrzałbym parę innych odrzuconych
przeze mnie ujęć.
Pławiąc się w poczuciu absolutnej swobody,
pozdrawiam
wm

Drogi Panie Wojciechu,
przesyłam Panu na pamiątkę zdjęcia, które Pan
wspaniałomyślnie odrzucił. Jestem pewien, że
nieomylnie dokonał Pan właściwego wyboru.
J.I.

Szanowny Redaktorze,
dziękuję za zdjęcia. Fotografie bardzo udane, jedynie obiekt
niespecjalny. Ale nie można mieć wszystkiego. Czy jestem już
w druku?

PS Podobno w wielu miejscowościach powstają pod księgarniami
komitety kolejkowe. Ludzie nie śpią, nie dojadają, tracą
kontakt z rodzinami i rzeczywistością, niektórzy krzyczą „tu
jest Polska", a wszystko po to, by nie przegapić TEJ chwili.

Naczelny usiłował motywować Autora na różne sposoby – także krzepiąc go wieściami
o sukcesach jego dzieł i ich zawrotnych nakładach. W odpowiedzi Autor tradycyjnie
ujawniał podejrzliwość („pewnie moja żona to wszystko wykupuje – będę musiał coś
napisać, żeby na to zarobić") i zdradzał skłonność do gry na zwłokę, wykrętów oraz
rutynowego przybierania pozycji horyzontalnej:

Drogi i ulubiony Redaktorze,
rozumiem, że korzystając z przewagi młodego wieku,
a co za tym idzie, energii, wywiera Pan nieustanny
nacisk na moją steraną osobę.
Oczywiście cieszą mnie informacje o dodrukach, o ile oznaczają
również popyt, a nie jedynie wypełnianie magazynów. Z Pańskiego
listu wynika, że łączny nakład tego, co napisałem, odebrał Panu
odwagę oznajmienia mi go. W tej sytuacji muszę się na chwilę
położyć.
Z podszytym pewnym niepokojem szacunkiem pozostaję
wm

Kiedy wreszcie fortelami, obietnicami i szantażem udawało się od Autora wydobyć
fragmenty Dzieła, wyrazom wdzięczności i najgorętszym życzeniom wytrwania
w zbożnym trudzie nie było końca:

Dzięki serdeczne. Trzeba ten dzień złotymi zgłoskami
w kalendarzu oznaczyć! Chwilami potwornie śmieszne – kwiliłem
głośno.
Mamy zatem Karła, Czupurnego, Wyciora i Henia. Pytanie:
jak byśmy sobie wyobrażali – jak Pan by sobie wyobrażał –
skomponowaną z nich całość? Jak to miałoby się nazywać? Z czego
jeszcze się składać? I czy nadal po trochu wyciągałby Pan
z lochu (z lochy?) bądź też dopisywał rzeczy, których jeszcze
nie ma, a o których Pan wspominał, że chodzą Panu po głowie?
Bardzo doceniam ten wysiłek i kolejny krok prowadzący nas w dobrym
kierunku. Proszę nie wyhamowywać i nie wypadać z rytmu!
To be continued...
Najserdeczniej,
Szczęśliwy Wydawca

Czasem przynosiło to efekty i cierpliwość Naczelnego bywała nagrodzona:

From: Wojciech Mann
Sent: Monday, July 09, 2012 3:32 PM
To: illg@znak.com.pl
Subject: RE: Doktor Wycior

Jeszcze w lochu przebywa Gandalf i parę drobiazgów. Mogą
nadejść w każdej chwili. Potem będziemy kombinować...
Pański uniżony

From: Wojciech Mann
Sent: Sunday, July 22, 2012 1:19 PM
To: Illg Jerzy
Subject: Gandalf

Ciekawe, czy polubi Pan Gandalfa...
Z poważaniem
Zaciekawiony
wm

Czy Gandalfa można nie lubić? Wszyscy chłopcy za nim
przepadają.
Bardzo dużo rozmawiamy w podgrupach o Pańskiej książce.
Jutro postaramy się przedstawić nasze pomysły, licząc,
że sprowokują Pana do stworzenia wizji całości - trzeba
te rozproszone historie jakoś zakomponować.
Do zobaczenia - high noon!
J.I.

Jeżeli w ogóle można mówić o sukcesie Dzieł Wojciecha Manna, wróżyć mu
sławę i dobrobyt, jest to bez wątpienia zasługa – przypłacającego to zdrowiem
(strzęp człowieka!) – Naczelnego, który wszelako nie zamierza ustawać
w heroicznych wysiłkach. Pozostając pełen skruchy i ujmująco szczery,

okazuje wzruszającą wspaniałomyślność, która – jeśli sprawiedliwość istnieje – powinna zostać wynagrodzona:

Przepraszam, że skazuję Pana na czytanie tak długich listów – i że w ogóle wiszę Panu nad głową. Niestety – to moja praca. Obiecuję, że jeśli uporamy się z tym w najbliższych tygodniach, będzie Pan mógł ode mnie odpocząć co najmniej do lata przyszłego roku – to chyba jest coś?
J. Illg

Z wydartych Autorowi nadludzkim wysiłkiem strzępów tekstu, fragmentów opowieści i nieskładnych zeznań zdołaliśmy jakimś cudem sklecić tę książkę. Czujemy się wszakże w obowiązku podkreślić, że wyłączną odpowiedzialność za jej myślową i artystyczną niezborność ponosi Autor.

Wydawnictwo Znak

POSTSCRIPTUM: Smutna prawda zawarta w ostatnim zdaniu powyższego tekstu znalazła potwierdzenie w SMS-ie, który Autor wysłał Redaktorowi tuż przed oddaniem książki do drukarni:

Czy składał Pan podanie o pracę w Guantanamo? Podobno świetnie płacą.

Odpowiedź pozwala z nadzieją patrzeć w przyszłość – kolejne dzieła Autora są tylko kwestią czasu:

Guantanamo to sanatorium – po praktyce w Kiejkutach mam wyższe aspiracje.
Pozdrawiam łagodnie.
J.I.

KAWAŁKI
WYDARTE AUTOROWI
JAKO PIERWSZE

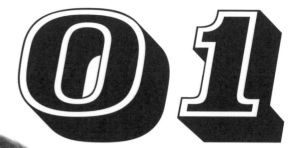

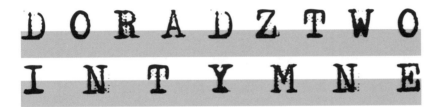

DORADZTWO INTYMNE

Tu Gandalf. Piszecie do mnie dużo listów. Chcecie, żebym wam pomógł. Lubię pomagać i lubię wszystkie wasze listy, ale nie wiem dlaczego, te najatrakcyjniejsze pochodzą od chłopców. Są ładniej adresowane, takim męskim charakterem pisma, zawierają o wiele mniej błędów i ich koperty są takie równiutkie. Ale to tylko na marginesie. Przecież czytam wszystkie listy, nawet te od dziewczyn. Przejdźmy zatem do odpowiedzi. Pisze tu do mnie Krystyna Ciechanko:

„Drogi Gandalfie, wierzę, że mi pomożesz. Zawsze byłam wesołą, młodą dziewczyną. Niestety, któregoś ranka zauważyłam, że wokół oczu zrobiły mi się malutkie zmarszczki, które nieładnie wyglądają. Poza tym poczułam, że od pewnego czasu puchną mi nogi i mogę chodzić tylko w starych kapciach. Mam też problemy z talią, której w zasadzie już nie mam. Ostatnio musiałam moją ulubioną plisowaną spódniczkę włożyć do góry nogami, a i tak ledwie w nią weszłam. Nie wiem, co to wszystko znaczy. Co robić, czy to jest odwracalne? – bo chcę się ciągle podobać chłopcom".

Obawiam się, droga Krystyno, że twoje problemy będą się z czasem pogłębiać. Nie pisz do mnie więcej. Pozdrawiam.

Oto kolejny list. O, jaka ładna koperta... Pisze Misza z Kalisza:

„Gandalfie, jakoś mi smutno... Misza".

Odpowiadam: słuchaj, Miszka, trzymaj się. Ja wiem, smutek to smutna rzecz. Ja też kiedyś byłem smutny. Na szczęście spotkałem na swej smutnej wówczas drodze pewnego mądrego siwego pana, który mi stopniowo wszystko wyjaśnił i uporządkował. Ty też masz szczęście, bo trafiłeś na mnie. Spotkajmy się może gdzieś niedaleko twojej pracy – wyobraź sobie, zupełnie przypadkowo wiem, gdzie pracujesz – może w tym małym klubiku z pyszną kawą i ptysiami. Pogadamy sobie od serca, zrobimy trochę zdjęć, a przy okazji wszystko, co trzeba, ci wyjaśnię. Zobaczysz, z moją pomocą cały twój smutek zniknie jak ręką odjął. Poznasz mnie po tym, że będę miał szalik w kwiaty.

GANDALF

ZALOTY ŻELAZNEGO KARŁA

 elazny karzeł imieniem Wasyl postanowił zrobić niespodziankę Drewnianej Rusałce. Kochał się w niej od dawna, ale przepełniony był nieśmiałością i wszystkie oznaki uczucia, jakie jej przekazywał, były dotąd anonimowe. A to wysłał jej miseczkę pogniecionych grzybów, ale nie rozszyfrowała, że to właśnie on na nie upadł.

Innym razem podrzucił jej pod norkę własnoręcznie wykonany z szyszek plan Szklarskiej Poręby, ale nie skojarzyła tego daru z jego podróżami.

A znowuż jesienią wysłał jej przez zaprzyjaźnionego rosomaka szkielecik chomika Michała, który w kościanej łapce trzymał maleńką karteczkę z napisem „From Wasyl with love". Ale Rusałka nie umiała czytać i ugotowała sobie na Michale bulion. Zdesperowany Wasyl postanowił w końcu odwiedzić uwielbianą Drewnianą Rusałkę osobiście i ostatecznie powiadomić ją o swoim uczuciu. Przyspawał sobie tyrolski kapelusik do głowy, pochromował się od pasa w dół i ruszył do ukochanej. Żeby zadać szyku, postanowił pojechać motorowerem, który właśnie skończył składać z resztek swego kuzyna Żeliwnego Mietka. (Kuzyn Mietek kilka dni wcześniej wszedł przez nieuwagę między dwa pospieszne). Otumaniony miłością Wasyl dosiadł niedotartego eks-Mietka i pędem ruszył w drogę. Zamyślony i trochę odurzony spalinami, które wydzielał Mieczysław, Wasyl już w połowie drogi huknął w nisko nad drogą zwisający konar. Gałąź zaczepiła o porządnie przyspawany kapelusik Wasyla i wraz z nim zerwała mu głowę, łącznie z płytką czołową i wyszczotkowanymi papierem ściernym włosami.

W swym zapamiętaniu karzeł, nie bacząc na doznane uszkodzenia, dodał tylko gazu i popędził dalej, powiewając przewodami. Widział jednak wówczas już dużo gorzej i dlatego zapewne nie zwrócił uwagi na niewielką podstację wysokiego napięcia, która wyrosła mu na drodze. W ostatniej chwili szarpnął kierownicą motoweru, ale ta z dziwną siłą wymknęła mu się z rąk i jednoślad nieszczęśliwie dla Wasyla otarł się o niewłaściwie izolowane przewody. W wyniku zwarcia potworne napięcie stopiło Wasylowi plecy. Karzeł wpił się całym pozostałym ciałem w motorower, czyli w swego ekskuzyna Żeliwnego Mietka, i z niecierpliwością krzyknął: „Szybciej, Mietek, szybciej!". W tym momencie nagle wydało mu się, że usłyszał głos, który mówił: „Lepiej zejdź ze mnie, Wasyl!". W tym samym momencie motorower stanął dęba, jakby coś mu zablokowało koła, i karzeł potężnym łukiem frunął w powietrze między drzewa, ostatecznie wbijając się klinem w rozgałęzienie dwóch konarów, rozpruwając swoje niewielkie blaszane ciałko od majteczek sportowych aż po krawat w grochy z cyny. Słabnąc ostateczną słabością, zobaczył ze swej podniebnej pułapki, jak jego motorower łasi się do Drewnianej Rusałki, która mówi doń z uczuciem: „Jakoś inaczej dzisiaj wyglądasz, Mietku najdroższy, ale jesteś punktualny jak zawsze".

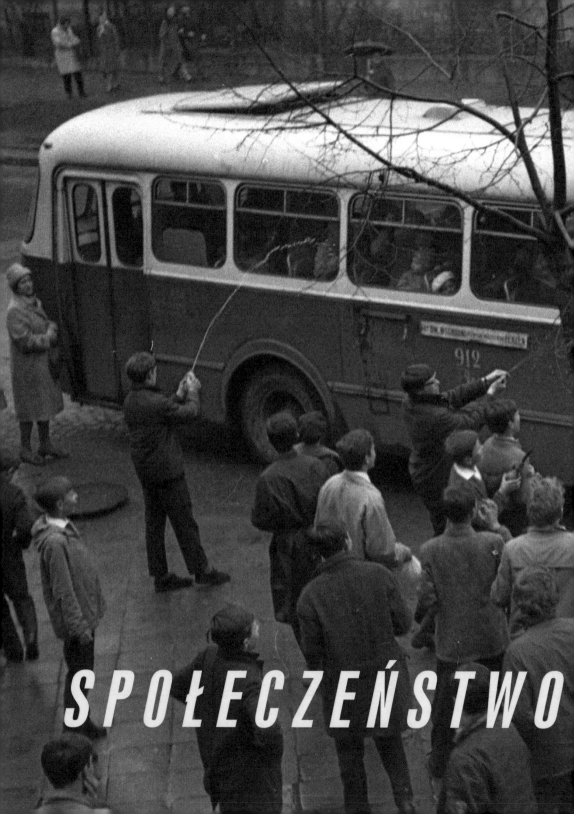

SPOŁECZEŃSTWO

JEST FAJNE

REKLAMA SPOŁECZNA

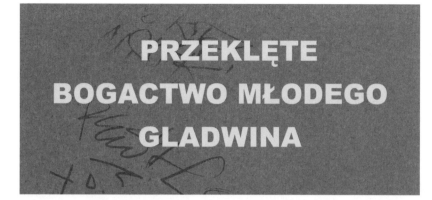

PRZEKLĘTE BOGACTWO MŁODEGO GLADWINA

Młody hrabia Gladwin ostatecznie pokłócił się z rodzicami i postanowił zacząć życie na własny rachunek. Pamiętna rozmowa miała miejsce na dachu tarasu pałacu rodu Gladwinów.

Gladwin: Ojcze, raz jeszcze cię proszę, abyś nie zabijał mnie swoją troskliwością. Mam dwadzieścia lat i nie zniosę już ani dnia dłużej zachowania mojej bony, która w wielce uciążliwy sposób dba o mnie od dziecka.

Ojciec: A cóż ci uczyniła poczciwa Anastazja?

Gladwin: Ojcze, powołując się na twoje polecenie, uporczywie rozbiera mnie do snu. Popatrz tu – chyba widać, że mam dwadzieścia lat i...

Ojciec: Synu, dwadzieścia lat to tak niewiele. Ja mam sześćdziesiąt trzy lata, a mój wierny Cyryl nadal mnie rozbiera do snu.

Gladwin: Ojcze, ale Anastazja rozbiera mnie o najdziwniejszych porach, i to kilka razy dziennie. Ostatnio rozebrała mnie podczas polowania na odyńce. Wiem, jestem młody, ale czasem nie starcza mi sił na tak częste rozbieranie. Szczególnie że Anastazja nigdy nie chce mnie potem ponownie ubrać, tylko leży i pali papierosy.

Ojciec: Synu, wiele pokoleń naszych przodków mieszkało tu, w tych murach, i wszyscy podporządkowywali się tradycji. Jeśli chcesz plwać na swoje gniazdo, to lepiej zamilcz. (*szlocha*) O, nie mam już syna, jedynego spadkobiercy mojej fortuny, nie mam!

Młody hrabia Gladwin tegoż samego dnia ruszył do stolicy, połykając gorzkie łzy upokorzenia. Nawet nie zauważył, że towarzyszy mu wierna Anastazja.

tu mieszkam

Anastazja: Panie hrabio, trzeba się rozebrać i wypocząć...

Gladwin: Ty znowu tu? Zaczekaj, kobieto, nie widzisz, że jeszcze nie zsiadłem z konia? O, ja nieszczęśliwy! Nic, tylko się rozbierać i rozbierać...

Mijały męczące dni z wierną, niezmordowaną Anastazją. Młody hrabia Gladwin, dręczony wyrzutami sumienia, postanowił pojednać się ze swoim jedynym ojcem.

Gladwin: Anastazjo, proszę cię, pozapinaj mnie wreszcie i połącz mnie z centralą w moim rodowym zamku. Chcę odpowiednio odziany rozmawiać z moim ojcem, starym hrabią.

Anastazja: Słucham, paniczu. (*wykręca numer*) Halo, panicz Gladwin chce rozmawiać z hrabią. Co? Och! To niemożliwe! (*wstrząśnięta rzuca słuchawką lub czymś innym*) Gladwinie, jesteś milionerem albo jeszcze lepiej! Twój ojciec zginął w wypadku. Rozżalony twoim odejściem nie wpuścił Cyryla do sypialni i postanowił, nieszczęsny, sam się rozebrać. Zadusił się szelkami. Teraz zrozpaczony, pozbawiony ukochanego pana Cyryl zaprasza nas z powrotem do zamku. Będziemy panicza na zmianę rozbierać, póki nam sił starczy. I niech się panicz nie martwi, starczy nam na długo, bo widziałam kiedyś Cyryla w kąpieli.

Gladwin mdleje.

Z pamiętnika doktora Wyciora | CZ. 1

Czwartek

Siostra Kulanka zagrożona poważną chorobą. Wiem, że to trochę moja wina, ale wielokrotnie prosiłem, żeby nikogo nie było w promieniu pięciu metrów ode mnie, kiedy próbuję zrobić zastrzyk.

Czwartek – późny wieczór

Siostra Kulanka zwariowała. Po tym, jak wstrzyknąłem jej niechcący tę samą chorobę, którą mnie w poniedziałek wstrzyknął dla żartu docent Szczucki, ta głupia kobieta mówi, że teraz muszę się z nią ożenić. Niedoczekanie. Nie potrzebuję chorej baby w domu.

Piątek

Kulanka z zemsty gorączkuje. Chciałem jej w nocy coś amputować, żeby się wystraszyła, ale w trakcie zabiegu zbudziła się nagle i podniosła taki wrzask, jakby ją zarzynali. Zawsze podejrzewałem, że jest głupia i bojaźliwa. I z taką mam się żenić?

Niedziela

Odporność Kulanki na ból jest niesamowita. Chodzi już samodzielnie bez balkonika. Rano przyniosła mi projekty sukni ślubnych dla inwalidów. Chyba chce mnie wykończyć.

Środa

Przez tę Kulankę ciągle jestem roztrzęsiony. Dzisiaj w celu przeprowadzenia dokładniejszych badań postanowiłem pobrać krew od tej miłej pani Paciorek z szóstki. Zagapiłem się troszeczkę w telewizor, bo akurat był program o weselach, i niechcący pobrałem pani Paciorek całą krew.

Boję się, że Kulanka to widziała. Na wszelki wypadek silnie upudrowałem śp. pani Paciorek policzki na różowo i zamknąłem szóstkę na klucz.

Znowu czwartek

Odebrałem wyniki pani Paciorek. Zdrowa jak ryba. Szkoda, że nie można jej wypisać. Kulanka mówi, że pójdzie z tym do ordynatora. Chyba kupię obrączki.

MGR CZUPURNY RADZI

Witam i bezzwłocznie państwu się przedstawiam. Jestem specjalistą od stosunków międzyludzkich i niejednej już zdesperowanej jednostce i grupie pomogłem. Proszę przysyłać do mnie swoje kwestie i problemy, a ja przyjaźnie wam poradzę i pomogę, jak mogę. A więc, jak już mówiłem, nazywam się magister Ryszard Czupurny i mam trzydzieści trzy lata. Z tego sporo przed kamerą. Moja żona, w zasadzie była żona, bo w zeszłym tygodniu... Krótko mówiąc, jestem tu, żeby pomagać.

Oto pierwszy list. „Drogi Ryśku" – pisze Janek. Swoją drogą, nie znam cię (*podnieca się*), Janku, i mógłbyś się zastanowić, czy ze mną krowy pasłeś, zanim będziesz mi ryśkował, ale niech już na początek ci będzie. Następnym razem podrę te twoje bazgroły. Piszesz, że jesteś wrażliwy i nie lubisz, jak kobiety siorbią herbatę czy likier. Z tego też powodu uderzyłeś swoją narzeczoną Janinę dosyć silnie w przegrodę nosową.

Nie dziwię ci się, że boli cię teraz nadgarstek, ale nie w tym rzecz. Bicie narzeczonych czy innych kobiet to sprawa delikatna. Najlepiej to zrobić po ciemku i przez szmatkę, żeby myślała, że sama się uderzyła.

Wybrane fragmenty dzienników na temat państwa Koźlików

Przełom okolic czerwca, środa, upał

Inżynier Koźlik zatelefonował do mnie i poprosił, żebym zszedł do piwnicy. Zapytałem dlaczego, a on bardzo logicznie odparł, że w piwnicy jest chłodniej. Zaniepokojony udałem się w podziemia naszego bloku. I rzeczywiście, za trzecim zakrętem, w najciemniejszym miejscu, na składanym krzesełku siedział inżynier z mokrą szmatą na głowie. Zaczął opowieść od tego, że coraz gorzej znosi upały, a obecna sytuacja finansowa nie tylko nie pozwala mu na instalację klimy, ale i reperacja plastikowego wiatraczka Zefir, który w posagu wniosła mu żona, nie powiodła się, gdyż w trakcie demontażu trzepnął go prąd i nie ukończył pracy. A w upale i duchocie inżynier dostaje, jak się wyraził, „hyzia" i nie odpowiada za siebie. Pamięta tylko, że tuż przed ucieczką do chłodnej piwnicy, oszołomiony wysoką temperaturą, chciał zadzwonić do żony, aby ją poinformować, że jedzie do Chorzowa zrobić sobie nieślubne dziecko i żeby nagotowała kartoflanki na boczku, bo jak wrócą, to maleństwo na pewno będzie głodne. Przerwałem zrozpaczonemu sąsiadowi, na pocieszenie mówiąc, że po pierwsze, biorę na siebie koszty reperacji zefira, a po drugie, nie on jeden źle znosi nagłe gorąco, bo w mieście rzeczywiście trudno wytrzymać. Poradziłem mu, żeby odstąpił od robienia nieślubnego dziecka w Chorzowie i po prostu wyskoczył z małżonką na jakieś wakacje.

Lato, coś tak zaraz po wiośnie, chyba czwartek

Skoro mamy wakacje, to ludzie wyjeżdżają. Tak też jest w przypadku inżyniera Koźlika i jego rodziny. Niestety, inżynier w związku ze skromnymi środkami, jakimi dysponował, postanowił zabrać żonę na wczasy zagraniczne tanimi liniami. Wkrótce po wylocie skontaktował się ze mną, twierdząc, że z czystej sympatii i dojmującej tęsknoty, ale już w pierwszych zdaniach zasygnalizował także niespodziewaną utratę płynności finansowej. Okazało się, że Koźlikowie spędzają już trzeci dzień na lotnisku tranzytowym. Doszło do tego w ten sposób, że samolot pierwszy (tania linia) się spóźnił, a drugi (tania linia) nie czekał. Żadna z atrakcyjnych finansowo linii nie zajęła się zbytnio spóźnionymi, więc inżynierostwo wydali już dużo pieniędzy urlopowych na napoje i chipsy, żeby przeżyć. Tania linia jest tania tylko czasem, więc aby kontynuować podróż albo też wrócić do domu, Koźlik musi teraz zapłacić za te same bilety – jak pisze – „bardzo dużo, cholera jasna, drożej", ponieważ nie były rezerwowane pół roku wcześniej, a przecież mamy szczyt i tanie linie są obłożone.

Piątek, zaraz po tamtym
czwartku, ciągle lato

Postanowiłem niezwłocznie pomóc Koźlikom. Najlepszym sposobem – uznałem – będzie osobiste przejęcie ich na lotnisku, na którym utknęli. W tym celu zarezerwowałem sobie najbliższy tani lot w ich kierunku. Niestety, wolne miejsce znalazło się dopiero w końcu listopada, na szczęście przed szczytem świątecznym. Dzięki temu państwo K. spędzą Wigilię już z dziećmi i rodziną.

Pierwsze dni grudnia,
już po powrocie
z Koźlikami

Okazało się, że państwo Koźlikowie, wbrew pozorom, nie lecieli latem do ciepłych krajów, tylko do USA. Inżynier twierdzi, że zmylił ich list od tamże przebywających dwóch kuzynów z Brooklynu. Okazał mi ten list. Rzeczywiście, intrygujący. Oto fragment:

„Hi, kuzynie, jesteśmy tu, na Greenpoincie, prawie legalnie. Nie robimy już przy azbeście, a nasze kobity nie chodzą na domki. Mamy troka i trochę bawimy się w bilderkę. Mieszkamy dość wygodnie, czysto, bez kakroci. Ale martwi nas, że jak kiedyś wysyłaliśmy do Polski sto baksów, to rodzinie starczało na miesiąc. A teraz tylko się śmieją z naszych pieniędzy. Jak przyjechał szwagier Witka, Zdzisiek, to jeździł taksówkami, wszystkim stawiał, a na lotnisko jak jechał, to miał tyle zakupów, że ledwie do naszego troczka się z tym zabrał. Czy my przypadkiem nie wychodzimy na frajerów?".

Inżynier przyznał mi się, że nieco zdezorientowany tym listem, chciał pójść w ślady szwagra Witka, Zdziśka, i poszaleć z żoną w Nowym Jorku, ale przeszacował swoją siłę nabywczą. No, może gdyby nie leciał tanimi liniami...

WIELKIE MARZENIE ŻELAZNEGO KARŁA

elazny karzeł imieniem Wasyl leżał sobie kiedyś na kanapie w swojej dusznej izbie, palił fajkę zrobioną z rury z kolankiem i oglądał telewizję. Program nie był ciekawy, bo nadawano obraz kontrolny, ale Wasyl obserwował ekran z dużą uwagą.

Na jego poznaczonej spawami twarzy nie było widać żadnej emocji, ale wewnątrz karła wrzało. Intensywnie nad czymś myślał i o czymś marzył. Konkretnie: kombinował, jak zostać gwiazdą telewizji. Najwyraźniej w pewnym momencie uknuł już swój plan, gdyż uśmiechnął się ze zgrzytem. Dźwięk był tak nieprzyjemny, że mieszkająca kątem u karła mysz popełniła samobójstwo. Wasyl nawet nie zauważył zwłoczek sublokatorki i nadal skrzypiąc uśmiechem, wyszedł na dwór. Stanowczym krokiem ruszył w kierunku pobliskich pól uprawnych, na których właśnie trwały żniwa. Gdy znalazł się na miejscu, położył się spokojnie na trasie kombajnu Bizon 2. Bizon 2 przejechał przez Wasyla, ale już go nie zesnopowiązał, gdyż coś chrupnęło we wnętrzu kolosa i maszyna stanęła bezradnie. Wasyl wydobył się spod poskręcanych blach i ruszył dalej. Na niedalekiej ścieżce wyrwał spod starego Krzysztofika rower tak zgrabnie, że ten nic nie zauważył i pojechał dalej. Wasyl tymczasem udał się rowerem w okolice stacji kolejowej. Spieszył się, gdyż najwyraźniej chciał zdążyć na ekspres Władysław Warneńczyk. Gdy znalazł się na torach, ułożył głowę wygodnie na jednej z szyn i czekał. Warneńczyk przeleciał o czasie, żelazny karzeł skontrolował swój wygląd w gładkiej tafli glinianki, w której onegdaj utonął wójt Marian Kulebiak podczas prób z wynalezionym przez siebie pługiem podwodnym. Zadowolony z efektu żelazny karzeł skierował swe kroki w stronę wsi. Już po chwili biegła za Wasylem chmara dzieci. Jedne prosiły o autograf, inne zaś darły się wniebogłosy w stronę chałup: „Tataaa, mamaaa, przyjechał do nas z telewizji pan obraz kontrolny, chodźcie zobaczyć!". Wasyl szedł dumnie przez wioskę, rozdając autografy i gładząc dzieci po główkach. Był szczęśliwy.

Lekcja angielskiego 1

Spiker: Z ubolewaniem zawiadamiam państwa, że dzisiejsza lekcja języka angielskiego nie zostanie poprowadzona przez naszą stałą panią magister, ponieważ poparzyła sobie ciało podczas rozmrażania lodówki. W zastępstwie jej wietnamski kolega Eugeniusz Kierbedź.

E. Kierbedź (*z silnym akcentem obcym*): Dzen dobre, panstwo.

Spiker: Przepraszam cię, Gieniu, ale to jest lekcja języka angielskiego...

E. Kierbedź: Dlaczego?

Spiker: Po prostu lekcja. Miałeś zastąpić panią magister i poprowadzić zajęcia.

E. Kierbedź: O, to ne jest dobre dla mnie. Ja urodzylem sę w Polsce i ne znam języki. Tylko polski. Slabo.

Spiker: Bardzo państwa przepraszamy, ale mimo naszych wysiłków lekcja angielskiego nie odbędzie się. *Thank you, listeners, and guten Tag.*

Republicans Seat Florida Delegates Backing Sen. Taft

CHICAGO, July 1—(AP)—Sen. Robert A. Taft of Ohio nailed down most of the 18-vote Florida delegation today and the first victory in the crucial free for all over disputed delegates to next week's Republican convention.

And the Republican National Committee—apparently under control of Taft forces—banged the door on television, radio and pictures of any kind at its all important hearings on delegate contests.

Backers of Gen. Dwight D. Eisenhower, battling it out with Taft for 72 disputed delegates and the GOP Presidential nomination, showed no immediate inclination to carry the Florida case any further. They could appeal to the Convention Credentials Committee and then to the convention itself.

But some of them were taking the position the general wasn't much concerned about the Florida dispute, on grounds that it involved primarily two rival delegations and both were largely for Taft to start with.

Nevertheless, it would have been a setback for the Ohio Senator had the decision gone any other way. What the National Committee did, unanimously, was to decide that a "regular" Florida delegation should be seated when the convention raises the curtain next Monday.

The regulars were overwhelmingly for Senator Taft. A rival "grass roots" outfit was publicly uncommitted. It did have some pro-Taft people in it. Yet various grass-rooters had been critical of what they said were Taft "steam-roller" tactics.

The Florida decision left contests involving six states and 54 convention votes still to be processed by the National Committee. Georgia, with four out of 17 votes tied up in disputes, is next in line tomorrow.

Texas is in the windup spot for later in the week. And Texas has 38 important ballots to cast.

A few minutes after handing down the ruling in the Florida ruckus, the National Committee decided 60 to 40 to keep television, radio and photographers out of all contest hearings.

In doing that, it rode down Gov. Thomas E. Dewey of New York, other backers of General Eisenhower and recommendations of another committee which had explored the issue.

In a telegram from Houston, Texas, where he is attending the annual conference of Governors, Governor Dewey said:

"Let the people hear and see the evidence."

To do anything else, he said, would cause "irreparable injury" to the GOP.

Full coverage of the hearings, the New York governor said, would let the people understand the "scandalous way" in which he said Taft delegates were chosen in Texas and elsewhere.

Senator Taft himself, lieutenants said, had nothing to say about the action on radio and TV. But they said he was pleased at the outcome of the Florida dispute even though it was just what he expected.

The Florida action did fit in with Senator Taft's own appraisal of the way things are shaping up in the convention's preliminaries. He told reporters even before the votes were known that his delegate situation is "firming up now."

On the Associated Press scoreboard Senator Taft is credited with 474 votes on which he can count on the first ballot, General Eisenhower with 410.

It takes 604 to win nomination. Senator Taft personally claims that he has just about reached the magic number.

The Eisenhower camp is conceding Senator Taft nothing like 604 votes and says the general is going to be the winner on an early ballot.

And as for Florida, Stewart Newlin of the Eisenhower headquarters staff, said:

"We weren't in the fight to begin with. We never considered it as an Ike-Taft fight. As far as the present time is concerned, that is our position."

* * *

Committeeman From Colorado With Taft Group

Special to The Rocky Mountain News

CHICAGO, July 1.—Leon Snyder, of Colorado Springs, Republican National Committeeman of Colorado, for the first time firmly placed himself in the ranks of the Taft followers today when he voted on the television issue.

In the meeting in the Conrad Hilton Hotel here, Mr. Snyder voted with the Taft forces against allowing radio and television to report the hearings of the committee that is determining the seating of such contested delegations as those from Florida, Louisiana and Texas.

Mrs. Alma Schneider, of Morrison, Colo., Republican National Committeeman, an avowed Eisenhower supporter, voted for allowing radio and television to cover the proceedings.

Churchill Weathers Laborite Assault

LONDON, July 1.—(UP)—Britain's Labor Party was defeated tonight in an attempt to overthrow Prime Minister Winston Churchill's Conservative government.

The issue was the American bombing attack on North Korea's Yalu River power plants without notifying Britain.

The government blunted the Laborite attack by announcing that a British deputy would be appointed to United Nations Commander Gen. Mark W. Clark to give Britain a greater voice in conducting the Korean war.

WINNIE WINS 300 TO 270

Their motion of censure, which would have required Mr. Churchill to step down if approved, was defeated by a vote of 300 to 270.

The disclosure that a British deputy chief of staff to General Clark will be named in the near future was made during a heated debate in which Mr. Churchill personally defended the United States against biting Socialist criticisms.

Labor members of parliament were angered by the failure of the United States to notify Britain in advance of plans to bomb the huge power installations, some of which were located on the border of Chinese Manchuria.

CALLS BOMBING UNWISE

In today's debate, Labor attacked the wisdom of the raids under any circumstances.

The government's pacifying announcement that Britain hereafter is to have a greater voice and more direct contact with the handling of the Korean situation.

Mr. Churchill reminded the House that the U. S. secretary of state, Dean Acheson, had explained that the oversight was due to a Washington error.

"There could not have been a more full and generous statement," Mr. Churchill said of Mr. Acheson's lengthy explanation to a group of British parliamentarians.

Sinclair Workers Delay Oil Strike

NEW YORK, July 1.—(AP)—The CIO Oil Workers International Union today postponed indefinitely a strike by 10,000 employes of the Sinclair Refining Co.

The strike had been scheduled to start last midnight, but a negotiating session lasted past the deadline.

B. J. Schafer, Union Vice President, then said orders had gone out to locals to delay the walkout in the contract dispute.

Senate Ratifies West German Peace Treaty

WASHINGTON, July 1.—(AP)—The Senate ratified the West German Peace contract and a related defense agreement today.

The Senate, however, specified that the peace pact does not increase the President's power to send troops to Europe.

The Senate approved the peace contract by a roll call vote of 77 to 5 and then voted 71 to 5 to ratify a companion agreement extending the defense guarantees of the North Atlantic Security Alliance to the Bonn Republic.

AMENDMENT ACCEPTED

The Senate accepted an amendment by its Foreign Relations Committee designed to curb any power the President might claim under its provisions to commit troops. But it rejected, 51 to 25, a move to tack a similar "interpretation" on the defense agreement.

The proviso sought by Sen. Bourke B. Hickenlooper (R-Iowa) would have forced the chief executive to obtain the consent of Congress before taking any action under the defense clause.

The Foreign Relations committee added the limitation which the Senate accepted. It stated that "any military implementation" of the peace pact must have approval of Congress, except for three powers retained in the agreement itself.

RIGHTS MAINTAINED

These three powers keep the Western Allies' rights to station troops in West Germany, retain their present rights in Berlin and maintain all rights in a unified Germany.

The peace contract would give West Germany near independence while the protocol, or addition, to the NATO pact would line her up with Western powers against possible Communist aggression.

Neither agreement would take effect until all signatory nations ratify them and until the European defense community comes into being.

Sen. Everett M. Dirksen (R-Ill), Henry C. Dworshak (R-Idaho), William E. Jenner (R-Ind), William Langer (R-S D), and Herman Welker (R-Idaho) voted against both the contract and the protocol.

* * *

Three Area Senators Vote for Ratification

Three of the four senators from Colorado and Wyoming voted for ratification yesterday, according to the Associated Press, when the upper chamber approved the peace contract with Western Germany.

Voting in favor of ratification were Sens. Edwin Johnson (D-Colo), and Lester Hunt and Joseph O'Mahoney, both Wyoming Democrats.

Sen. Eugene Millikin (R-Colo) was not listed as participating in the vote.

Taft Held 'Me Too' Candidate

Clare Boothe Luce

BLOOMFIELD, Conn., July 1.—(UP)—Claire Boothe Luce, author and former congresswoman, charged tonight that "if anyone in public life can rightfully be called a 'me-too' candidate, it is Senator Taft of Ohio."

Speaking at a $100-a-plate dinner sponsored by the Eisenhower clubs of Connecticut, Mrs. Luce said that Senator Taft "now seems to have changed his mind" on many of the convictions he held the past 10 years, and that "he has come very far over to a position he once denounced as internationalist and un-American."

'VIEWS ARE CHANGED'

"He now offers as evidence of his grasp of foreign affairs, the very views he once fought so long and bitterly," she said.

"His change of mind is all to his credit and we all applaud it. But are our Allies to be blamed for feeling that a man who has shown in the past such bad judgment in foreign affairs may err again in a time of crisis? In any case, the able senator from Ohio is plainly a man whose thought is slowly shaped by events. Eisenhower is a man whose thought can swiftly shape events.

FREE PEOPLE'S WORRY

"There's no doubt that Senator Taft, as of today . . . sincerely intends to defend the West against Communism. But the bald fact is, that the free peoples of Europe and Asia are not inspired with confidence by his belated conversion to American world leadership."

Mrs. Luce, a delegate to the national convention, said that "as a man of integrity, which we all hope Mr. Taft to be, we know that he will conquer his natural disappointment, and let the uncontested delegations at the convention decide on the seating of the Texas delegation in Chicago."

This Sounds Slightly Familiar

(U. S. Weather Bureau)

FORECASTS
Wednesday, July 2, 1952

Denver and Vicinity—Generally fair today and tomorrow; brief light afternoon and evening thundershowers likely little change in temperature; high today 90 to 95; low today 60 to 65.

Colorado—Generally fair today and tomorrow; few scattered afternoon and evening showers and thunderstorms eastern portion; little change in temperature; high today 85 to 95 west, 90 to 100 east; low today 30 to 40 mountains, 45 to 55 northwest, 55 to 65 southeast.

Generally Fair.

Wyoming—Generally fair today and tomorrow; few local afternoon and evening thundershowers mostly north and east portion; cooler northeast and east central portion today and tonight; high today 75 to 85; low today 35 to 45 mountains, 45 to 55 elsewhere.

Sun rises 4:36 a. m., sets 7:32 p. m.
Moon rises 2:45 p. m., sets 12:11 a. m.

YESTERDAY'S TEMPERATURES
Airport Observations

High yesterday . . . . 94 degrees
Low Monday night . . . . . . 65 degrees
The mean temperature was 80 degrees

PRECIPITATION

Precipitation this month . . .12 inch
Precipitation since Jan. 1. 8.72 inches

NATIONAL WEATHER REPORT
Tuesday, July 1, 1952.

Stations—	H.	L.	Stations—	H.	L.
Akron, Colo.	93	64	Indianapolis	91	66
Alamosa	84	48	Jacks'n, Miss	101	74
Albuquerque	96	65	Kansas City	97	78
Amarillo	94	67	Lamar	94	63
Atlanta	84	73	Laramie	86	48
Birmingham	95	72	Little Rock	97	74
Bismarck	87	57	Los Angeles	71	55
Boise	72	48	Memphis	100	73
Boston	79	56	Miami	96	78
Brownsville	90	75	New Orleans	92	72
Buffalo	84	57	Okla. City	89	67
Butte	80	38	Omaha	94	73
Calgary	66	52	Philadelphia	84	58
Casper	91	54	Phoenix	108	68
Christn., S. C.	83	71	Pittsburgh	77	60
Cheyenne	86	58	Portland, Ore	70	54
Chicago	85	66	Pueblo	95	63
Cleveland	83	65	Raleigh, N. C.	82	65
Columbus	82	67	Rapid City	91	59
Craig	86	41	Rawlins	85	44
Dallas	93	75	Richmond	77	58
Denver	94	65	Rock Springs	82	52
Des Moines	90	70	St. Louis	99	70
Eastport, Me.	72	51	Salt Lake C'y	84	54
Estes Park	84	43	San Francisco	73	49
Evans'le, Ind.	95	70	Seattle	68	51
Farmington	96	52	Sheridan	88	54
Fort Collins	91	60	Sioux City	92	68
Fort Worth	93	74	Trinidad	93	65
Grd. Junction	95	58	Wash., D. C.	78	61
Havre, Mont.	77	54	Wichita	98	74
Houston	92	74			

TODAY'S INDEX

Transit Firm Told to Cease Shirts Worry

BALTIMORE, July 1.—(AP)—The big Baltimore Transit Co. and its AFL union ended their haberdashery squabble tonight, and transit service was being restored to this city of nearly a million people.

It was touch and go for a while.

Bus and trolley service was slashed by 80 percent today because the company insisted its drivers wear gray shirts, while most of the operators favored white.

The Public Service Commission stepped in and issued a heated order to the company to quit worrying about what color shirts the drivers wear and get service back to normal. The firm announced late tonight it would apply.

* * *

Ban on TV and Radio 'Blunder,' Lodge Says

CHICAGO, July 1.—(AP)—Sen. Henry Cabot Lodge Jr., of Massachusetts, campaign manager for General Eisenhower, issued a statement calling the move to bar cameras, TV and radio "a major political blunder."

"From the outset," Senator Lodge said, "Taft supporters have fought the attempt which we have made to have an open and unrigged convention. Their vote today in committee is a flagrant disregard of public opinion . . .

"They have shown a 'public be damned' attitude which will be resented wherever free institutions are prized. If this is Taft's idea of victory they are welcome to it."

Senator Lodge's conclusion: "The Taft-dominated national Republican committee has made a major political blunder."

ŻELAZNY KARZEŁ
I TELEWIZJA

**ył** sobotni poranek. Żelazny karzeł imieniem Wasyl leniwie przeciągnął się na posłaniu z opiłków. Jeszcze przed chwilą śniło mu się, że jest prawdziwym, miękkim człowiekiem. Niestety, to był tylko sen.

Wasyl z niechęcią zabrał się do porannej toalety. Ogolił się szlifierką, wysmarował brwi towotem i na wszelki wypadek psiknął pod pachami WD-40. Na śniadanie przygotował swoje ulubione mutry w oleju napędowym i z miską zasiadł przed telewizorem. Akurat leciał ciekawy program o wzdęciach. Wasyl z zainteresowaniem słuchał o rewelacyjnym działaniu preparatu, po którym nie trzeba rozpinać garderoby. „Ach, doświadczyć porządnego wzdęcia, tak jak ludzie" – rozmarzył się Wasyl. W tym momencie postanowił, że nie będzie to tylko marzenie. W Wikipedii sprawdził dokładnie przyczyny i objawy, a następnie rozpoczął przygotowania. Do dużej sprężarki dołączył metalową rurę. Na jej nagwintowany koniec nakręcił odpowiednią kształtkę, która pasowała do pewnego Wasylowego otworu. Po zamocowaniu i uszczelnieniu uruchomił agregat. Siła dęcia była tak duża, że Wasyla w mgnieniu oka rozerwało na odłamki. Nie zdążył nawet rozpiąć blaszanych spodenek, nie mówiąc już o zażyciu odpowiedniego preparatu po skonsultowaniu się z lekarzem lub farmaceutą.

NIEUPOWAŻNIONYM
WSTĘP
WZBRONIONY

DORADZTWO INTYMNE

Tu Gandalf. Witam wszystkich i cieszę się, że znowu jestem z wami. Wyobraźcie sobie, kochani, że o mały włos nie przybyłbym na nasze spotkanie. Miałem małą przygodę, w wyniku której odczuwam lekki ból i pieczenie, ale nie będziemy się wszakże tym przejmować. Zresztą jak dotąd zawsze po jakimś czasie wszystko przechodziło. Zabieramy się więc do pracy. Sięgam już po pierwszy list, który, jak widzę, napisał Stanley – a po naszemu zapewne Staszek – z Filadelfii. Oto co pisze:

„Drogi Gandalfie! Losy rzuciły mnie za ocean. Nowi ludzie, nowe obyczaje, a przede wszystkim bariera językowa. Daję już sobie radę w sprawach codziennych, ale niedawno natknąłem się na sytuację, w której się pogubiłem"...

I tu, moi drodzy, następuje opis sytuacji, w jakiej znalazł się Staszek. Taak, widzę, oczywiście te piekielne problemy językowe. Odpowiadam: drogi Stanleyu, czyli Staszku! Wszystko byłoby dobrze, gdybyś nie pomylił kilku prostych wyrazów w języku, którym posługują się za oceanem. Otóż „*under*" znaczy „pod spodem", a nie „na wierzchu". Z kolei angielskie „*pull*" oznacza „pociągnąć", a nie „popchnąć". Byłoby też wskazane, gdybyś zawsze odróżniał „*miss*" i „*kiss*": to pierwsze oznacza „nie trafić", a drugie – „całować". Dwa niemal identyczne małe słówka, a jaka różnica, prawda? Mam nadzieję, że już nie popełnisz więcej takich błędów, szczególnie podczas kontaktów z ciemnoskórymi obywatelami, którzy mogą być szczególnie drażliwi i gwałtowni w reakcjach. Dziękuję za zasuszony kwiatek i pozdrawiam. Adres twojego sąsiada Mike'a, który, jak piszesz, zasuszył ci ten kwiatek, zatrzymam na wszelki wypadek. Kto wie, gdzie mnie moje ścieżki zaprowadzą... Bye!

GANDALF

Lekcja angielskiego 2

Spiker: Z głębokim ubolewaniem informujemy państwa, że nasz ekspert języ-
kowy profesor Kogut zatruł się masłem roślinnym. W związku z tym za-
powiadaną na dzisiaj lekcję języka angielskiego poprowadzi w zastępstwie
nasz wietnamski kolega Eugeniusz Kierbedź. Dzień dobry, Gieniu!

E. Kierbedź: Dlaszego?

Spiker: Bo jest jasno. Dzień.

E. Kierbedź: Smutno mi.

Spiker: W tej sytuacji podziękujemy chyba naszemu wietnamskiemu koledze
za krótką lekcję i na koniec przećwiczymy typowe angielskie pożegnanie.
Jak należy się żegnać po angielsku, Mr. Gieniu?... Bardzo państwa przepraszamy, ale nasz ekspert opuścił już studio. *Auf wiedersehen.*

ROZTERKI ŻELAZNEGO KARŁA

elazny karzeł imieniem Wasyl uderzał w zamyśleniu telewizorem o ścianę i z zaciekawieniem obserwował wzory, które tymi uderzeniami wywoływał na ekranie. W pewnym momencie zaprzestał uderzeń – i to z dwóch powodów: raz, że nie wcelował w ścianę i uderzył się wystającym gniazdem HDMI w oko, a dwa, że zaciekawił go fragment nadawanego właśnie programu. Jedną ręką trzymając się za twarz, drugą usiłował poprawić odbiór.

Interesująca go audycja mówiła o równouprawnieniu i o tym, że mężczyznom należy się Dzień Ojca. Słysząc to, Wasyl poczuł rosnące zdenerwowanie. Jak to?! Wszyscy będą mieli święto, a on nie, i to tylko dlatego, że nie jest ojcem? Postanowił niezwłocznie coś zrobić w tej sprawie. Wyszedł przed swoją lepiankę i przypadkowo natknął się na przebiegającą borsuczycę Janinę. Nadepnął jej na ogon, żeby nie uciekła, a kiedy zdziwiona stanęła, powiedział: „Cześć, Janka, chcę być ojcem, możemy o tym porozmawiać?". Niespodziewane i bardzo silne uderzenie w ciemię pozbawiło go przytomności. To mąż Janiny, borsuk Pilawski, zbulwersowany propozycją złożoną żonie, uderzył Wasyla pokaźnych rozmiarów głazem narzutowym. Kilka godzin później, po powrocie do zmysłów, Wasyl, nadal dręczony chęcią bycia ojcem, podobną propozycję złożył, jak mu się wydawało, wiewiórce Łysej Skórce. Okazało się jednak, że zamroczony niedawnym knock-outem, za wiewiórkę wziął ogromnego niedźwiedzia samotnika. Poza ogromną siłą niedźwiedź ten znany był z całkowitego braku poczucia humoru, więc nie myśląc, wbił Wasyla w pień starego dębu, a następnie przepiłował zdziwionym karłem wiekowe drzewo wzdłuż, a następnie pociął na deski. Zapadła noc, czego Wasyl właściwie nie zauważył, bo cały czas miał ciemno w oczach. Następnego dnia skołowany nieco karzeł pisał do telewizji na kawałku kory brzozowej: „Droga Redakcjo, po obejrzeniu waszego wczorajszego programu postanowiłem zostać ojcem. Okazało się to bardzo trudne. Jeżeli mi nie pomożecie, to mnie ta przemożna chęć ojcostwa wykończy. Powiedzcie, czy do czasu praktycznej realizacji mego marzenia mogę być honorowym ojcem bezdzietnym?".

A kolejni mężowie leśnych piękności tylko zacierali ręce. Wiedzieli, że w poszukiwaniu spełnienia bezdzietny ojciec Wasyl prędzej czy później wpadnie w ich łapy.

WIADOMOŚCI. Z KRAJU

Po wielomiesięcznych po-szukiwaniach organa ści-gania zatrzymały groźnego oszusta Szymona Konia. Jak nas poinformowano, Koń, wykorzystując swoją biegłą znajomość języka niemieckiego, podawał się za weterynarza.

DORADZTWO
INTYMNE

Tu Gandalf. Dziś znowu wyjątkowo dwa listy. Oto pierwszy z nich – pisze Kola z Opola. Czołem, Kola! Ooops, *sorry*, niestety to Ola. Charakter pisma nie za bardzo, ale spróbujmy odczytać te bazgroły. Ola pisze tak:

„Drogi Gandalfie! Od pewnego czasu zachowanie mojego męża wydaje mi się niezrozumiałe. Kiedy w zeszłą środę włożył mi kalosz na głowę, myślałam, że to przez roztargnienie. Ale mija już ósmy dzień, a on mi nie pozwala go zdjąć, dlatego pismo trochę nierówne. Niepokoję się, Gandalfie! Poradź, co robić? Twoja Ola".

Moja droga Olu, przede wszystkim postaraj się zrobić w tym kaloszu dwie dziurki na wysokości oczu. To pozwoli ci wyraźniej i równiej pisać. Wówczas będziesz mogła przedstawić mi swój problem dokładniej i czytelniej. A teraz list drugi, też jakiś taki poplamiony i niewyraźnie zaadresowany. Aaaa, to również od Oli. No cóż, co mogłem, to już poradziłem.

Dziękuję i pozdrawiam serdecznie.

GANDALF

WIADOMOŚCI. Z KRAJU
Najnowocześniejsze urządzenie badawcze wykonane w Instytucie Elektromechaniki Politechniki Ostrowskiej w okolicy kilku hut wykazało straszny smród.

SPOSTRZEŻENIA PANA HENIA

Dr Wycior: Siostro, dlaczego siostra cała jest umazana jakąś gleją? Przecież tak nie może wyglądać pracownik służby zdrowia!

Siostra: To nie jest żadna gleja, panie doktorze, to pasztet ze śniadania...

Dr Wycior: Nie mogła siostra trafić pasztetem tam, gdzie należy?

Siostra: To nie ja, panie doktorze, to pan Henio. Już od miesiąca odmawia przyjmowania pasztetu w każdej postaci. Żąda przeprowadzenia testu i wypisania go z naszej placówki!

Dr Wycior: A to się dobrze składa, bo właśnie chciałem go zbadać. Proszę przyprowadzić chorego!

Siostra: Już lecę, panie doktorze!

Łomot.

Dr Wycior: No, no, siostro, teraz siostra na amen załatwiła moje śniadanie. Inna sprawa, że pasztetu nie powinienem był kłaść na podłodze.

Siostra: Już jest pan Henio, doktorze.

Dr Wycior: Proszę, panie Heniu, niech pan siada, tylko niech pan coś podłoży, bo pan jest cały w czymś brązowym...

Henio: To przez nią...

Dr Wycior: Niech pan nie przerywa, tylko zabierze się do testu. Co pan widzi na tej ilustracji?

Henio: To mi wygląda na pasztet...

Dr Wycior: To może kiedyś będzie pasztet. Na razie to jest locha karmiąca małe, panie Heniu.

Henio: Nie, nie, panie doktorze, pasztet...

Dr Wycior: Dobrze, panie Heniu, a co tu widzimy?

Henio: Pasztet, panie doktorze...

Dr Wycior: Panie Heniu, albo pan jest nienormalny, albo wariat. Na tej rycinie jest schemat organizacyjny armii krzyżackiej z 1411 roku. Chociaż to rzeczywiście trochę przypomina pasztet...

Henio: Pan nic nie rozumie, panie doktorze, chcę powiedzieć, że pasztet przysłała mi szwagierka. Taki jak lubię, ponczowy.

Dr Wycior: Ponczowy pasztet? Pan albo jest wariat, albo nie...

Henio: Ponczowy jest najlepszy, porządnie nasączony rumem. No i siostra też spróbowała kawałek, naprała się już pierwszą porcją i zaczęła mi wyrywać resztę. A teraz kłamie, że to ja...

Siostra: Panie doktorze, ten człowiek jest albo wariat, albo...

Dr Wycior: Nienormalny, wiem, wiem, ale siostra też nie za dobrze wygląda. Proszę się nie opierać o preparaty i odstawić z powrotem tę buteleczkę. Niczego tu nie trzeba dezynfekować.

Siostra (*mamrocze*): Ale czuję na sobie masę mikrobów...

Dr Wycior: Proszę wyjść! I pan też, panie Heniu. Nie ma pan szans na opuszczenie naszego zakładu.

Henio: Kiedy ja się nigdzie nie wybieram. Chce pan pasztetu?

Dr Wycior: Nie chcę. A zresztą, może kawałek, nie, nie ten, ten mokrzejszy. Całkiem niezły, ma pan jeszcze?

Henio: Mam, mam. (*coraz bardziej zalany*) Może zaprosimy doktora Wyciora?

Dr Wycior: Ja jestem doktorem Wyciorem... Jeszcze porcyjkę, ale bez chleba! Chleb szkodzi... No, chyba żeby go dokładnie utaplać w pasztecie, he, he. A jak nam się ten skończy, to weźmiemy tę lochę i te małe... Siostro!!

Siostra: Słucham?

Dr Wycior: Teraz będziemy siostrę dezynfekować. Dezynfekujemy gołymi rękami, bez waty! Wata szkodzi!!

Z pamiętnika doktora Wyciora | CZ. 2

Poniedziałek

Miałem małą scysję z ordynatorem. Ma do mnie pretensje o to, że ambicja przewyższa u mnie zmysł estetyczny. Nie zgadzam się. Przyznaję, że sztuczne ucho, które zastosowałem u pani Marjańskiej, nie jest ładne i trochę w innym kolorze niż reszta pacjentki, ale przecież może je sobie przysłonić beretem albo jakąś szarfą.

Wtorek

W dalszym ciągu sprawa ucha. Pani Marjańska twierdzi, że jak porządnie przysłoni ucho, to nic nie słyszy. Oczywiście – woda na młyn ordynatora.

Środa

Znowu ta Marjańska. Bardzo mnie irytowała ciągnąca się afera wokół jej ucha, więc je w końcu amputowałem. Marjańska może teraz zasłaniać miejsce po uchu czymś mniejszym i gustowniejszym, ale nadal nie słyszy, bo się zrobiły zrosty. Wyszło na moje. Tak samo głucha, za to przedtem duże i nie za ładne, ale jednak jakieś ucho miała. Kretynka.

Codzienne rządzenie poprawia trawienie

NOWE ŻYCIE WASYLA

elazny karzeł imieniem Wasyl postanowił zacząć nowe życie. Czuł, że stosunki między nim a innymi mieszkańcami lasu układają się nie najlepiej, i ta sytuacja była coraz bardziej dla karła uciążliwa. Pomyślał, że trzeba koniecznie coś zmienić. Niestety, Wasyl nie bardzo wiedział, jak zabrać się do realizacji tego postanowienia. Zdecydował, że zasięgnie rady u innych.

Zaczął od wizyty u wiewiórki Łysej Skórki. Skórka wysłuchała karła, a następnie parsknęła: „Nowe życie? Z taką mordą?! To niemożliwe". I szyderczo uderzyła Wasyla surową rybą w twarz.

Karzeł potulnie wycofał się z dziupli wiewiórki i poczłapał dalej. Zaszedł do Dzika Szybownika. Ten dość nieuważnie zapoznał się z problemem Wasyla, gdyż był zajęty montowaniem nowego typu motolotni, za pomocą której miał polować z zaskoczenia na zbłąkane wędrowne kartofle, ponieważ jednak Wasyl uporczywie domagał się odpowiedzi, Dzik Szybownik oderwał się na chwilę od roboty i rzekł: „Ech, Wasyl, Wasyl, ty masz łeb jak pusty ceber. Jak ty możesz zacząć nowe życie na chybił trafił? Tu trzeba się naukowo przygotować".

„A kto mnie naukowo przygotuje?" – jęknął Wasyl. „Tylko pan Świstak Waligóra, mieszka ci on nieopodal, obok źródełka z żywą wodą, zaraz za kioskiem Ruchu, który zresztą sam prowadzi".

Ożywiony nadzieją Wasyl ruszył w podanym kierunku. Po morderczej wędrówce dotarł do celu. Na polance za kioskiem leżał pan Świstak Waligóra. W rzeczywistości nie był on prawdziwym świstakiem, ale zwykłym olbrzymem, który swój przydomek zawdzięczał temu, że miał naderwany nos i świstał, kiedy oddychał.

„Czego?" – zapytał lakonicznie pan Świstak. Wasyl grzecznie wyjaśnił, że chciałby zacząć nowe życie i potrzebuje naukowego przygotowania. „Dobra – burknął wielkolud – tylko zażyję magicznego płynu". Po czym jednym haustem wlał w przepastne gardło wielki gąsior przezroczystego, lekko dymiącego napoju.

Następnie otrząsnął się, chuchnął, czknął i świsnął. Lekko rozmazanym wzrokiem popatrzył na Wasyla i powiedział: „Siądnij se tu, na pieńku, pokrako, i zamknij oczy". Wasyl usłuchał bez słowa. Siedząc z zamkniętymi oczami na pniaku, usłyszał jakby głośniejszy świst i nagle straszliwe uderzenie zmiażdżyło mu głowę, tułów, nogi i pieniek, na którym siedział.

A Świstak Waligóra, zasypując lej powstały w miejscu, w którym przed chwilą siedział Wasyl, w zadumie mruczał do siebie: „Zapomniałem temu blaszanemu chrabąszczowi powiedzieć, że aby zacząć nowe życie, trzeba najpierw skończyć ze starym. Chyba go trochę zaskoczyłem. Ale to właściwie jego wina – mógł mnie wpierw zapytać". I nucąc kołysankę wisielców, odkorkował kolejny gąsior z magicznym płynem...

Wybrane fragmenty dzienników na temat państwa Koźlików

Środa albo około środy, Międzynarodowy Dzień Kobiet za pasem

W związku ze zbliżającym się Międzynarodowym Dniem Kobiet w małżeństwie państwa Koźlików narosło sporo nieporozumień. Zaczęło się od tego, iż pani Koźlikowa uprzedziła męża, że jeżeli 8 marca podaruje jej kwiatek i rajstopy, to natychmiast dostanie w zęby. Inżynier usiłował żartobliwie bronić koncepcji „kwiat + rajtuzy", twierdząc, że jest uświęcona wielowiekową tradycją na całym świecie. Uzyskał tyle, że pani K. wyraziła gotowość przejścia do rękoczynów od razu, nie czekając na swój międzynarodowy dzień. Spłoszony inżynier zapytał więc, co żonę zadowoli. Usłyszał, że musi to być coś pięknego, romantycznego i cementującego ich związek. A ponadto, na wszelki wypadek, wcześniej zatwierdzonego przez panią Koźlikową. Inżynier myślał i myślał, aż wreszcie postanowił wykonać bogato zdobioną makatkę ludową. Konkretnie, wśród osobiście przez niego wykonanych ozdobnych wzorów znaleźć się miał na niej wykaligrafowany kolorową przędzą tekst następującej treści: „Moja żona ukochana często piękna jest już z rana".

Inżynierowa wstępnie zaakceptowała konspekt, ale już przy proponowanym haśle niebezpiecznie się zaczerwieniła i wstała z leżanki. Poszło o słowo „często", które – jak zapewniał inżynier – nie mając istotnego znaczenia leksykalnego, miało jedynie zapewnić wierszowi odpowiednią rytmizację. Niestety, pani Koźlikowa nie przyjęła prezentu ani tłumaczenia męża.

W Dniu Kobiet zaniosłem inżynierowi kwiaty do szpitala. Lekarze mówią, że zostaną mu tylko niewielkie blizny i co najwyżej lekki bezwład mimiczny wynikający z uszkodzenia nerwu.

Koniec tygodnia, inżynier już po wypisie

Po szczęśliwym zakończeniu jego pobytu w szpitalu (rzeczywiście, blizny wieczorem niemal niewidoczne) umówiłem się z inżynierem Koźlikiem na męski wypad do miasta. Mieliśmy się spotkać w konkretnym miejscu i o konkretnej godzinie. Konkretna godzina nadeszła, a potem minęła, a inżyniera nie było. Nie odbierał również komórki, co wywołało mój niepokój – z racji swego politechnicznego wykształcenia Koźlik doskonale umiał obchodzić się z telefonem. Regularnie sprawdzał poziom naładowania baterii, potrafił odwiesić to, co się zawiesiło, a nawet znał na pamięć wszystkie PINY-y i PUK-i. Poszalałem więc na mieście sam i wróciłem gdzieś tak koło osiemnastej do domu. Po pewnym czasie pojawił się zawstydzony inżynier. Na moje pełne wyrzutu spojrzenie odpowiedział lawiną słów, z których wynikało, że w straszliwym korku spotkał znajomą, którą chciał podwieźć, ale był taki tłok na drodze, że wręcz nie dało się jechać, więc ją przejechał, a właściwie źle się wyraził, bo ona wysiadła czy też wypadła, chyba w biegu, ale i tak już był spóźniony, więc nie czekał, aż ona wsiądzie z powrotem, a telefon chyba został u niej w torebce, bo wcześniej pomógł jej szukać w tej torebce jednego kluczyka, co był potrzebny do zamknięcia szafki u niej w przedpokoju, ale ta torebka miała jakiś głupi suwak i on przyciął mu palec, o, jeszcze jest ślad... Przerwałem mu gwałtownie przy słowach: „Mam nadzieję, że pan nie dzwonił do żony". Poprosiłem o spokojne wyjaśnienie, ale pan Koźlik był już tak zdenerwowany, że nie mógł wydusić ani słowa i na wszelki wypadek zemdlał. Nie chciałem, żeby jego stan był w jakikolwiek sposób kojarzony z moją osobą, więc przyczepiłem mu do beretu kartkę z adresem i telefonem żony i wezwałem anonimowo straż miejską.

Na kalendarzu kwiecień, ale dawno nie zdzierałem kartek

Mój sąsiad i w pewnym sensie kompan inżynier Koźlik zajrzał do mnie rozpromieniony w czasie weekendu. Jak powiedział, jego sytuacja domowa po wszystkich nieszczęśliwych wydarzeniach ostatnio zmieniła się diametralnie. Przyjechała do nich z wizytą kuzynka z Bochni z czwórką bardzo żywych dzieci w wieku od trzech do czterech lat. Pani Koźlikowa, szczęśliwa jak nigdy, rzuciła się w wir okołodziecięcych zajęć. W kąt poszły małżeńskie urazy i kwasy. Zachęcony dobrym nastrojem małżonki inżynier zapytał, czy nie miałaby ochoty wpuścić go wieczorem z powrotem do małżeńskiej pościeli. Pani K. nie powiedziała stanowczo „nie", ale zastrzegła, że do tak daleko posuniętej ponownej zażyłości może dojść jedynie stopniowo. „Pierwszy etap – powiedziała – to załatwienie odpowiedniej dla malców atrakcji na Dzień Dziecka, ze specjalnym zaznaczeniem, że to »od cioci Koźlikowej dla wesołej czwórki z Bochni«. W nagrodę inżynier miał nabyć prawo dwukrotnego obejrzenia żony w bieliźnie, a potem ewentualnie się zobaczy. Czerwony z emocji Koźlik wyjął z kieszeni karteczkę z odręcznie przez siebie wypisanym abonamentem na sześć bezpłatnych wizyt na nieodległym placu zabaw z huśtawkami i automatem z batonami. „Za każdym razem, jak oni pójdą się huśtać, to ja się pohuśtam z żoną! Pan rozumie, redaktorze? Sześć huśtań!"

Niestety, okazało się, że plac zabaw nie honoruje prywatnie wykonanych wejściówek. Rodzina z Bochni wyjechała do domu, a inżynier z sypialni na kozetkę.

DOŚĆ INFANTYLIZMU!!!

Jak zapewne każdy widzi, w naszym codziennym języku roi się od zdrobnień. Świadczą one o niepoważnym podejściu do życia i dystansie do rzeczywistości. W restauracji kelner poleca nam zupkę albo bigosik, my za to prosimy o rachuneczek i płacimy pieniążkami. Dzieciom przydałyby się buciki, a mamie bluzeczka. Bezustanne zastępowanie zupełnie dobrych słów wersjami pieszczotliwymi odbiera powagę tworzonym przez nie treściom. Proponuję w sposób poważny zająć się odinfantylizowaniem języka polskiego, aby powstrzymać niebezpieczny trend. Oto kilka propozycji w formie tabeli (a nie tabelki, jeśli Państwo pozwolą):

NIE	TAK
Teczka	Teka, np. osobowa
Książeczka (nagminne)	Książka, księga zdrowia
Gumka	Guma receptura, guma mysza
Kanapka	Kanapa z szyną, bokiem, jajem
Pasek	Pas do zegara
Parówka	Parówa z setą wódy

To naturalnie tylko czub góry lodowej, ale chodzi tu raczej o zarysowanie problemu, a nie całościowe rozwiązanie. Jeśli chodzi o nasz wizerunek na świecie, to powyższe korekty niewiele go zmienią. Tu potrzebne są poważniejsze zmiany, aby światowe mocarstwa nie sądziły, że Polska to kraj ludzi zdziecinniałych i niepoważnych. Konieczna jest ingerencja w nazwy geograficzne. Powinny natychmiast powstać:

Włocław
Raba
Ciechocin
Suwały
Hajnówa
Zęby
Mary
Koluchy

A Skocznia Narciarska
im. Adama Małysza
powinna się mieścić
w Wiśle-Malinie.

MGR CZUPURNY
RADZI

Cześć i witam. To ten sam wasz Rysiek Czupurny co ostatnio. Musieliście oglądać, bo przyszło listów, że hej. W zasadzie miłe, ale były wyjątki. Ktoś pyta, jakie mam uprawnienia, żeby radzić złamanym sercom i innym trąbom. Takie, że jestem magistrem. Magistrem wuefu zresztą, co widać chyba, więc uprawnienia mam. Przestałem czynnie uprawiać wyczynówkę, bo nabawiłem się skoliozy i skifozy. Ale teorię mam w małym palcu, więc przystępuję do poradnictwa. Oto list od Iwony z Zagłębia. Pytasz, Iwonko, czy możesz na pierwszą randkę wystroić się tak jak na załączonym zdjęciu. Przyznaję, że wyglądasz ciekawie, ale to, na co liczysz, to sprawa ryzykowna. Jeżeli nie chcesz, żeby twój ewentualny chłopak dostał udaru, to możesz w tym ubranku na razie rozmawiać z nim przez telefon. Nawet ja ze sporym doświadczeniem nie wszystko tu rozumiem. Do czego są te wstążeczki pod pachą? I czy ta część, która zaczyna się jak majteczki, przechodzi dalej w szelki, czy to już osobny kawałek przyfastrygowany do pończoch? Zresztą dajmy spokój szczegółom. Proponuję następujące rozwiązanie: przyślij mi czym prędzej powiększenie tej fotki w dużym formacie, a ja zaraz później podskoczę do Zagłębia i ustalimy szczegóły. Na razie mów chłopakowi, że prawdziwe uczucie wymaga czasu. I podaj mu nieprawdziwy adres.

WIADOMOŚCI. Z KRAJU
W KOTLINIE NOWOSĄDECKIEJ
OSACZONO MATKĘ Z DZIECKIEM.

DORADZTWO

INTYMNE

Spotykamy się ponownie i od razu bierzemy się do rzeczy.

Oto pierwsza koperta. A, widzę, że z Bułgarii. Pisze do mnie, ha, trochę niewyraźne litery, ale po zapachu poznaję, że mężczyzna, no, może chłopak...

Oto fragment jego obszernego listu: „Zdrawo, Gandałf. Poczemu ty jeszczo nie priechał w Byłgariu? Ja nie mogu już żdać i żdać. Pomnisz, kak ty skakał so mnoj w nasze byłgarskie morie?".

Hm, to chyba jakaś pomyłka, ja nikogda nie skakał i dumaju, szto nie budu skakał z nikim w morie. Izwienitie, moj byłgarskij drug. Ja tiebia nie znaju. Chociaż kiedyś w Złotych Piaskach... Czyżby? Nie, to zbyt bolesne wspomnienie!

Patrzmy dalej. Oto list od Doroty z Koźla:

„Drogi Gandalfie!

Piszę do Ciebie przepełniona wielką radością, ponieważ właśnie wczoraj nauczyłam się pisać. A teraz kilka słów o mnie. Mam trzydzieści osiem lat, jestem praczką i tłumaczką. Życie układa mi się doskonale, lecz jest jeden drobiazg, który mnie niepokoi. Otóż od pewnego czasu zaobserwowałam u siebie pewne zmiany zewnętrzne. Mam też jakby grubszy głos.

Mój mąż uspokaja mnie jak może, ale wydaje mi się, że jego stosunek do mnie jest nieco inny i jeszcze bardziej oschły niż u zarania naszego pożycia. Małżonek coraz częściej sam wychodzi wieczorami, bywa, że trzaskając drzwiami. Kilkakrotnie, jeszcze zanim wyszedł, poczułam od niego alkohol. Parę dni temu bez pytania wziął mój krawat. Najgorsze wydarzyło się wczoraj podczas śniadania. Znienacka powiedział do mnie: »Podaj mi, chłopie, cukier«. Gandalfie, poradź: co robić?".

Niczym się nie martw. Wasza relacja wydaje się podlegać pewnej transformacji, kto wie, czy nie z korzyścią dla was obu, pardon, jeszcze chyba obojga. A jeżeli skończy się wam cukier, możecie sobie słodzić herbatę i co tam chcecie miodem, jest bardzo zdrowy.

TWÓJ GANDALF

NUMER
ŚWIĄTECZNY

04

OGŁOSZENIE

Spokojny, domator, majsterkowicz pozna cierpliwą panią z dużym zapasem plastrów i jodyny.

WASYL I JEGO ROZWAŻANIA

 elazny karzeł imieniem Wasyl leżał zanurzony po szyję w oleju Selektol Special i rozmyślał. Rozmyślał nad sensem życia. Był jednak tego dnia jakoś wyjątkowo głupi, więc niczego nie wymyślił i wyszedł z wanny. Narzucił szlafrok z folii metalizowanej, usiadł w fotelu i zaczął myśleć nad zagadką nieskończoności. Po dwóch minutach dostał potwornej migreny, więc przestał myśleć. Odział się odświętnie w nitowaną kamizelę z blachy cynkowej i wyszedł przed chałupę.

Usiadł na ławeczce przed domem i zaczął dla odmiany myśleć o *perpetuum mobile*. Po trzydziestu sekundach wyciekł mu z głowy elektrolit i jeszcze coś żółtawego. Wasyl wstał, zatoczył się i położył pod stuletnim dębem. Patrząc na dzięcioła Grzegorza, zamyślił się głęboko, gdyż zadał sobie pytanie: co było najpierw – jajo czy dzięcioł? Po czterdziestu sekundach lekki dymek wskazał, w których partiach karła nastąpiły przykre zwarcia. Pod wieczór Wasyl zebrał siły i otrząsnął się ze słabości. Dzięcioła Grzegorza udusił fartuchem, następnie zabił sześć wiewiórek i czaplę. Poczuł, że wszystko wraca do normy. Po skopaniu zaprzyjaźnionego warchlaka usiadł przed chałupą i poczuł, że znowu jest szczęśliwy. Nie myślał.

DORADZTWO INTYMNE

Tu Gandalf. Przepraszam, że nie odezwałem się wcześniej, ale porwały mi się rajstopy i nie mogłem w takim stanie wyjść z domu. Teraz już jest wszystko w porządku i z przyjemnością mogę przystąpić do pracy. Oto pierwszy list: z wyglądu sądząc, myślę, że pisała go dziewczyna – jest ozdobiony kwiatkiem i czuję lekki zapach perfum. Ale pewien drobiazg wskazuje, że nadawcą może być kto inny. Ten drobiazg to napis na odwrocie: „Marek G.". No cóż, zobaczmy, co przynosi ta zagadkowa koperta.

Och, wysypują się jakieś banknoty, ciekawe, a, jest i karteczka z tekstem: „Ty stara ropucho. Odsyłam Ci Twoje zasmarkane pieniądze"... Do licha, wydaje mi się, że to jakaś pomyłka! A jeśli nie pomyłka, to proszę, Marku, przestań się boczyć i porozmawiajmy jak przyjaciele. Błagam cię, Marku...

Sięgnijmy teraz po drugi list. Ten na pewno pisał chłopiec. Zdecydowany, wyrazisty charakter pisma, taki jak lubię, zamaszysty podpis – Cezary – he, he, oczywiście, nie zdradzę twego nazwiska, Czarku, jak zwykle zachowam je tylko dla siebie. Podobnie postąpię z numerem telefonu, adresem i tym prześlicznym zdjęciem.

Czytajmy więc: „Zapluty Gandalfie, odwal się od mojego Jarka"... No, tak, emocje chłopaków, kochanych chłopaków... Choć o to nie prosicie, a poza tym to na pewno jakaś pomyłka, to jednak dam wam radę: spotkajmy się jeszcze raz, Jarku i Czarku, tam gdzie zwykle. Przegadamy sobie wszystko na spokojnie i na pewno wszyscy będziemy zadowoleni... No, a teraz muszę kończyć, bo widzę, że znowu podarły mi się rajstopy. Pa.

GANDALF

TAJEMNICZA MATKA PANA HENIA

Siostra: Panie doktorze, przyszła matka pana Henia i prosi o rozmowę.

Dr Wycior: Siostro, siostro, po pierwsze, proszę sobie poprawić czopek, pardon, czepek i wyjąć stetoskop z tego tam... no właśnie. Po drugie, proszę powiedzieć tej nieszczęsnej kobiecie, że dziś nie przyjmuję. Niech się zapisze na przyszłą środę...

Siostra: Panie doktorze, ona się przykuła do pańskiego motocykla i ani myśli zrezygnować.

Dr Wycior: No, trudno, niech wejdzie...

Słychać spory łomot.

Matka (*lekko na bani*): Całuję rączki panu doktorowi w jego dobroci...

Dr Wycior: No, no, kobieto, wystarczy tego całowania... Siostro, proszę mnie wytrzeć! Co panią tu sprowadza?

Matka: Doktorku mój, paniczu jasny, za synem tu przyszłam, za moim sokołem, Heniutkiem znaczy. To złote serce... A co on o waszej miłości nie opowiada, zbytnik jeden. (*doktor mruczy, to potwierdza, to znów przeczy*) A że wasza wielebność jak ojciec dla niego, więc proszę waszej miłości łaski dla mojego jedynaka. Wypuścić go już czas...

Dr Wycior: No, ale pani gospodyni, orientujecie się, nieszczęsna, że jemu testy zdać, a dopiero wtedy mogę mu listek wypisać...

Matka: On mówi, że panu któś w rodzinie na serce słabuje, to ja tu taki kartonik koniaczku przytargała i kawę brazyliańską, i papirosów dobrych mocnych...

Dr Wycior: Kobieto szalona, za to cyrkuł i tiurma, nie godzi się przekupstwem parać!!

Matka: To może czerwieńców sypnę z zapaski mojej ludowej?

Dr Wycior: Co, co wy mi tu archaizmami będziecie oczy mydlić, babo zatracona. Zaraz, niech ja wam się, mateczko, przyjrzę... Siostro!

Siostra: Tak, mistrzu mój złoty?

Dr Wycior: Co, siostra też? Powariowały baby. Proszę mi tutaj zaraz testy dać. Niech no ja się teraz pani lepiej przyjrzę, dziwna obywatelko! No, proszę, co pani tu widzi na tej planszy? Tylko proszę: szybko!

Matka: To? To jakby przyjęcie towaru w sklepie monopolowym, tu widać kolejkę obywateli.

Dr Wycior: Tak myślałem! A to przecież jest locha karmiąca małe!! Rozszyfrowałem was, nie jest pani żadną matką, (*matka szlocha*) jest pani panem Heniem! Siostro, wyprowadzić tę degeneratkę, będzie mi tu dla rodziny koniaczki, matka jedna, i na izolatkę z dietą go, lisa farbowanego! Gdzie z tymi łapami? Koniaczki zostają jako dowód rzeczowy! Zawiadomię kogo trzeba.

Siostra wyprowadza szlochającego Henia. Po chwili wraca.

52

Siostra: Panie doktorze, już go mamy w izolatce!

Dr Wycior: Dobrze, siostrzyczko, niech siostrzyczka siada, tu, tu bliżej, teraz ładnie spiszemy protokół, może przy kawusi, może nawet siostra otworzy na próbę ten niby-koniaczek...

Siostra (*konfidencjonalnie*)**:** Doktorze?

Dr Wycior: Ładnie siostrze z tym czop... cholera, w tym czepeczku. To co, maleńka, może jeszcze po małym?

Siostra: Doktorze, jak go przebierali w piżamę, to się okazało, że to naprawdę matka pana Henia. Sama widziałam...

Dr Wycior: Hmm, no to, tego, siostro, niech siostra dopilnuje, żeby drzwi izolatki zastawili szafą. Nie możemy zmieniać naszych decyzji. (*siostra, lekko napita, cieniutko przytakuje*) No, to jeszcze łyczek, a jak i tę matkę, i Henia potrzymamy, to może i tatko przyjedzie z gościńcem... przywiezie koniaczku, kawki, a my tu z siostrą już będziemy na niego czekali. (*śpiewa*) Hej, życie, ty, życie, hej...

Żądaj letnich napojów!

Pamiętaj o pokojowej temperaturze!

Gorące napoje
przyczyną zmian klimatycznych.
Dbajmy razem o zrównoważoną
gospodarkę cieplną Ziemi.

MGR CZUPURNY
RADZI

Pisze do mnie dzisiaj rozszalała z rozpaczy Teresa ze Starachowic. A pisze
tak: „Przez czterdzieści osiem lat walczyłam z żądzami. Nie chciałam być
jak inne – niewolnicą hormona. Ale jakoś tak jesienią pod wieczór, kiedy
siedziałam samotnie w restauracji przekąskowej Pod Smakołykiem, zobaczy-
łam jego – Konika Mieczysława. Pracował przejściowo jako kelner obiadowy.
Już przy zupie tak się zdenerwowałam patrzeniem na niego, że przez pomyłkę
zamówiłam talerz wódki i pół litra żurku. A wtedy Konik Mieczysław tak na mnie
popatrzył tymi oczami jak latarnie, że mi widelec wpadł do kompotu. Kiedy
uiszczałam rachunek, on uśmiechnął się prosto do mnie i powiedział, żebym
na niego czekała, a on po skręceniu kasy przyjdzie do mnie kochać do upadłe-
go. I faktycznie przyszedł. Ale zanim mnie, jak to mówił, »zapieści żywcem«,
poprosił o trzysta złotych. Bo jest dłużny jednemu gangsterowi, który kiedyś
mu odnalazł zagubionego wuja, który był mu od ojca droższy. Czy coś takiego.
I pokazał mi znamię po tym wuju, co je miał na... skórze. Więc dałam mu te
pieniądze, jedną setkę i cztery pięćdziesiątki. A on dał mnie, czyli mi, w zastaw
mój portret, co go na paragonie z restauracji namalował. I teraz, panie magistrze,
pytam pana jako specjalistę: wczoraj mi stuknęła sześćdziesiątka. Czekać na
Konika Mieczysława czy zabrać się do haftu?".

Odpowiadam Teresie: haft.

AUDYCJA
SYLWESTROWA

05

Wiadomości. Z kraju

Zabawnego odkrycia dokonał rolnik z Huty Katowice Bolesław Boczek. Oglądając się dokładnie w lustrze, Bolesław Boczek odkrył, że ma warkocze.

Wiadomości. Z kraju

Inż. Jędrusik skonstruował autobusik, który działa z rozpędu bez napędu. Jędrusika aresztowano. Matka inżyniera Jędrusika, Liliana, jest już dawno aresztowana. Była pijana.

MGR CZUPURNY
RADZI

Najpierw sprawa dość osobista: „grupa fanek z Nieborowa" pyta mnie, jak to możliwe, że takie chłopaczysko jak ja nie ma stałej towarzyszki życia. Towarzyszkę to ja zasadniczo mam, tylko nie taką stałą, bo wczoraj, jak przyszedłem z klubu, to właśnie pakowała moje płyty boysbandów do reklamówki. Dużo nie spakowała, bo wcześniej większość wyniosła moja żona, o ile pamiętam, Bożena, która powiedziała, że jeszcze popamiętam te zabawy w świnkę i pastuszka, co to... A zresztą – co ja się tu będę tłumaczył. Będzie bez orzekania o winie, bo jak nie, to jej taką świnkę wykręcę, że jej się ryjek naprostuje. Ale przecież nie o mnie tu, tylko o wasze kłopoty chodzi. A ja jestem, żeby pomagać. No właśnie – ten pachnący liścik przyszedł od Sławka. Przyznam, Sławku, że nie wszystkie sformułowania w pełni rozumiem. Na przykład: co to znaczy, że jesteś wrogiem swojego ciała? Bije cię czy co? Jakiś taki mętny ten list, mimo że pachnący. I dlaczego zamiast podpisu taka plama? Aha, że to niby całusek? Ale co ty, szminką się mażesz? Napisz jak facet, o co ci chodzi, bo cię jeszcze źle zrozumiem i pędzel z nosa zrobię. Pozdrawiam serdecznie, Rysiek.

Otwórz się na powiew wiatru!

Ministerstwo Transportu
ostrzega: nie dachuj!

Jak zapoznać chłopca bez obciachu?

Wiele dziewcząt i kobiet marzy o tym, by zaprzyjaźnić się z jakimś przyzwoitym chłopakiem, z którym można by pójść na tańce albo na lody, budząc zazdrość koleżanek. Najważniejsze to dobrze zacząć rozmowę, a potem już samo poleci. Oto kilka przykładów „zdań inicjujących" pozwalających przełamać pierwsze lody.

a) *Jeśli chłopak ma krótko ostrzyżone włosy, wysokie sznurowane buty i na odsłoniętych częściach ciała niebieskie lub wielobarwne ilustracje:*
– Dzień dobry, cieszę się, że nie jest pan Murzynem. Murzyni są tacy niepolscy. Warto by im dać w nos. Co pan o tym sądzi?

b) *Jeśli chłopak ma kapelusz, jesionkę i teczkę i spogląda trochę lękliwie dookoła:*
– A co to widzę, mój sokół na delegacji? Zrobić dobrze? Nikt się nie dowie. Mam tu, w suterenie, mały penthals. Jest wideo i gumki. Chodź, mały, nie świruj.

c) *Jeśli chłopak pomalowany jest na twarzy, ma biało-czerwony kapelusz i szalik:*
– Nieźle wyglądało, jak nasi przez chwilę mieli piłkę, co? Aż mi się chciało sektorówkę rozwinąć. Owszem, lubię golkiperów, ale strasznie wycierają murawę. Pokażesz mi, jak się strzela przewrotką?

d) *Jeśli chłopak ma długie włosy, na szyi koraliki i pacyfy, dżinsy i sandały:*
– Przepraszam, że przeszkadzam, ale czy nie sądzi pan, że warto by zabić skina skurwysyna?

MGR CZUPURNY RADZI

Z najnowszej paczki listów wybrałem pięknie pachnący wodą ogórkową liścik od Sławka. Sławek pisze do mnie już nie pierwszy raz, a jego korespondencja zawsze zachwyca mnie szczerością i piękną papeterią z rysunkami młodych atletów. Widać, że Sławek to miłośnik sportu.

Pisze też sporo o sobie, lubi czystość, regularnie dba o manicure i pedicure oraz depilację. Jego hobby to zdjęcia z ważnymi osobami. Myśli, że jest ładny, więc ma pozwolenie na broń. I tak toczy się opowieść o Sławku i jego życiu, opowieść coraz nudniejsza, prawdę mówiąc, bo wciąż o tym samym – czyli o nim. Przerzucam nerwowo kartki, a tam coraz więcej wyliczonych zasług Sławka i coraz więcej skarg na to, że ludzie go nie rozumieją. Ale jaką masz sprawę do mnie, chłopczyno?... A, wreszcie jest: „I żebym zawsze miał taką gładką skórę na brzuszku, i żeby mi już włoski nie wypadały, i żeby przyjaciele zawsze mówili do mnie »lisku«". (*surowo*) Panie Sławomirze, ja też mam prośbę. Niech pan już więcej do mnie nie pisze. Ja mam tu poważne poradnictwo i pańskie brzuszki i liski są po prostu nie na miejscu. Jak pan chce mieć gładki brzuszek, to niech pan go nie sflaczy, a włoski i tak panu wypadną. Już to widać na wielu zdjęciach. Nie ma co się łudzić.

Wybrane fragmenty dzienników na temat państwa Koźlików

Środa, już po Nowym Roku

Inżynier wyjechał w delegację, a do mnie niespodziewanie zaszła pani Koźlikowa. Pokręciła się trochę po mieszkaniu, zajrzała do lodówki, do pralki, wreszcie do szafy. „Oho, widzę, że się powodzi! W szafie dwa garnitury, w lodówce szynka dębowa z wędzarni dziadunia i flaki babuni, a w pralce najdroższy zmiękczaczo-spulchniaczowybielacz". Zrobiło mi się trochę nieswojo, bo ani ten mój luksus nie był zbytnio demonstracyjny czy nadmierny, ani też u Koźlików, jak pamiętałem, bieda szczególnie nie piszczała. Postanowiłem zaczekać, aż pani Koźlikowa dojrzeje do zwierzeń. I doczekałem się. „Niech pan nie myśli, panie redaktorze, że ja z zawiści tak panu dobrobyt wytykam, ale ostatnio mój mąż Koźlik jakby węża w kieszeni zaczął hodować. Najpierw poprosiłam go o biusthalter z tego nowego zagranicznego sklepu, »Tania odzież prosto z Francji«, co wszyscy się zachwycają. To niby poszedł, ale szybko wrócił i powiedział, że rozmiaru nie było. A ja przecież, o, niech pan sam sprawdzi..."

Tu powstrzymałem panią Koźlikową przed pełniejszą prezentacją i zabrałem rękę. Niezrażona ciągnęła dalej: „A jak na przykład chciałam, żeby mnie zabrał do restauracji Rozeta na dancing, to powiedział, że znajdzie ładny program taneczny w radiu i poskaczemy sobie w stołowym". Zrobiło mi się żal Koźlikowej i na pocieszenie zacząłem wychwalać jej zalety i mówić, że dla takiej kobiety to niejeden by wszystko rzucił, i takie tam. Wydaje mi się, że przeholowałem. Pani Koźlikowa z rumieńcami na twarzy krzyknęła: „Wreszcie ktoś się na mnie poznał, i do tego zamożny! Polecę tylko po swoją pościel i zaraz wracam!".

Drugi dzień już nie wychylam nosa ze strachu, mieszkanie dokładnie zamknięte, światła ani radia nie włączam, a ona bez przerwy puka. Niech ten inżynier już wraca z delegacji...

Piątek, pani K. nareszcie przestała pukać!

Inżynier Koźlik, jak się dowiedziałem od jego małżonki, przebywa na przedłużającej się kursokonferencji połączonej z korzystaniem z ośrodka spa i wellness. Pokazała mi nawet jego najnowsze zdjęcie w maseczce z czegoś zielonego. Dziwne tylko, że za inżynierem widać było bardzo dużo szklanych naczyń i częściowo przez niego zasłonięty napis „...ol szkodzi zdrowiu!". Pani Koźlikowa przyznała, że ją ten napis też zaciekawił, ale mąż zaraz jej telefonicznie wyjaśnił, że to fragment plakatu ostrzegawczego. Pełny napis mówi: „Prusakolep szkodzi zdrowiu", i skierowany jest do dzieci i osób niepiśmiennych. Kilka dni później otrzymałem list podpisany „Sława z Wrocławia". Okazuje się, że w oszołomieniu wywołanym przez intensywne zabiegi zdrowotne inżynier podał świeżo poznanej znajomej mój adres na wypadek, gdyby trzeba było jakoś pilnie reagować na jego osłabienie, bez niepokojenia żony. Autorka listu pisze, iż przebywała czas jakiś w tym samym ośrodku co inżynier Koźlik i ma spostrzeżenia. Cytuję: „Ten Pana kolega najpierw wydawał się kulturalny. Opowiadał ciekawie o dźwigarach i sposobach obliczania wytrzymałości materiałów budowlanych. Nasza znajomość wydawała się iść w dobrym kierunku. Niestety, w związku z awarią stacji trafo, podczas bardzo przyjemnie zapowiadającego się wieczoru w świetlicy przenieśliśmy się do baru Przylaszczka. Tam podczas tańca, bezpośrednio po wypiciu likieru, inżynier zasłabł i następnie upadł na mnie. Nie chciałam go cucić przy wszystkich, więc zaniosłam go na ławkę przed barem. Tam, oprzytomniawszy, pan Koźlik zaczął na mnie krzyczeć, że go wykorzystuję i żebym go zapięła i pożyczyła mu na autobus, bo musi wracać do domu. Nie chodzi mi nawet o zwrot pożyczki, ale mam wciąż w pokoju szelki pana Koźlika, jego beret i sandały. Czy mam to odesłać bezpośrednio do niego, czy do Pana Redaktora?".

Niestety, Sława z Wrocławia we wzburzeniu nie podała swojego adresu i nie byłem w stanie odpowiedzieć na jej pytanie. Zajrzał natomiast do mnie inżynier i jakby nigdy nic, poprosił o pożyczenie sandałów.

Niedziela, przez pewien czas spokojna

W tajemnicy przed mężem zaszła do mnie pani Koźlikowa. Dla niepoznaki głośno przy drzwiach powiedziała, że koniecznie potrzebuje pożyczyć trochę musztardy kozackiej. Już wewnątrz mieszkania upewniła się, że nikt nas nie słyszy, i zaczęła swoją opowieść. Wynikało z niej, że zdaniem inżynierowej jej mąż się stacza i na wyjeździe do spa wpadł w koszmarne towarzystwo. Jakby tego było mało, ma prawdopodobnie romans z jakąś wyniszczoną, pokrytą tatuażami kobietą z półświatka. Na dowód pokazała fotografię, którą ukradkiem ściągnęła z komórki inżyniera. Rzeczywiście, widniejąca na nim osoba płci żeńskiej nie wyglądała zbyt atrakcyjnie. Stała, w berecie niepokojąco podobnym do tego, który widywałem u inżyniera, na tle plakatu. Widoczny był też fragment ozdobnego tatuażu: „Это я, Слава". Przestałem dziwić się reakcji inżyniera pod Przylaszczką.

Siostra: Panie doktorze, panie doktorze...

Dr Wycior: Chwileczkę, siostro, nawet podczas wzburzenia nie możemy tak się zapominać. Wygląda pani jak, nie przymierzając, oszalały piekarz. Proszę się wytrzeć, pozdejmować z siebie te recepturki, przecież to tamuje krew...

Siostra: Oj, jeszcze jak... Mroczki mam przed oczami...

Dr Wycior: I porządnie się zapiąć. A teraz słucham.

Siostra (*wrzeszczy*): Panie doktorze, panie doktorze!

Dr Wycior: Cisza! Krzyczy pani odrażająco. Proszę się całkowicie uspokoić.

Siostra (*normalnie*): Panie doktorze, panie doktorze...

Dr Wycior: Wiem, że jestem doktorem. Co pani chce mi powiedzieć?

Siostra: No, właśnie chciałam powiedzieć, że pan Henio rozpoczął strajk okupacyjny. Żąda większej liczby zastrzyków i sześciu kroplówek naraz.

Dr Wycior: A czym się objawia strajk okupacyjny pana Henia?

Siostra: Odmawia korzystania z basenu.

Dr Wycior: To rzeczywiście przykre. A nie żąda wypisania z naszej placówki?

Siostra: Chyba o tym z emocji zapomniał.

Dr Wycior: Dobrze, proszę go tu przyprowadzić.

Hałasy.

Henio (*krzyczy*): Żądam kroplówek na całym ciele!

Dr Wycior: Proszę usiąść, panie Heniu. Przyszła pora na nasz mały test. Jeśli tym razem da...

Henio: Dobrze, mój kochany doktoreczku, ale pan jest dobry...

Dr Wycior: Panie Heniu, już parokrotnie panu mówiłem, że nie znoszę, jak mnie pan całuje. Bierzmy się do testu... Jest pan gotów?

Henio: Jasne, kochany. Na tej planszy widzimy oczywiście lochę karmiącą małe. Jakie to śliczne!

Dr Wycior: Panie Heniu, test jeszcze się nie rozpoczął. To, na co pan patrzy, to zdjęcie ordynatora podczas obchodu. Proszę raczej tu popatrzeć. Co pan teraz widzi?

Henio: To jest oczywiście słynny most Golden Gate w San Francisco...

Dr Wycior: Nie, to jest właśnie locha karmiąca małe. Siostro, proszę odprowadzić pana Henia.

Henio (*szeptem*): Panie doktorze, a z tym cementem to załatwione, tak jak pan chciał. Szwagroszczak jutro podjedzie.

Dr Wycior: Panie Henryku! Wielokrotnie powtarzałem, że nie znoszę tej ordynarnej gwary. Cóż to za wstrętne słowo „szwagroszczak"! (*szeptem*) To co pan nie mówi od razu, niech szwagroszczak zajedzie od podwórka, a pan tu ma załatwione eldorado. (*głośno*) Siostro! Proszę naszego pana Henia zanieść z powrotem na salę, dać mu tyle kroplówek, ile chce, i proszę z nim ćwiczyć testy. Wie siostra, co to jest na tej planszy?

Siostra (*zdenerwowana*): Locha karmiąca w San Francisco?

Dr Wycior: Panie Heniu, niech pan sam idzie na oddział, a siostra niech sobie weźmie tydzień bezpłatnego. I nie chcę was tu widzieć ani sekundy dłużej!

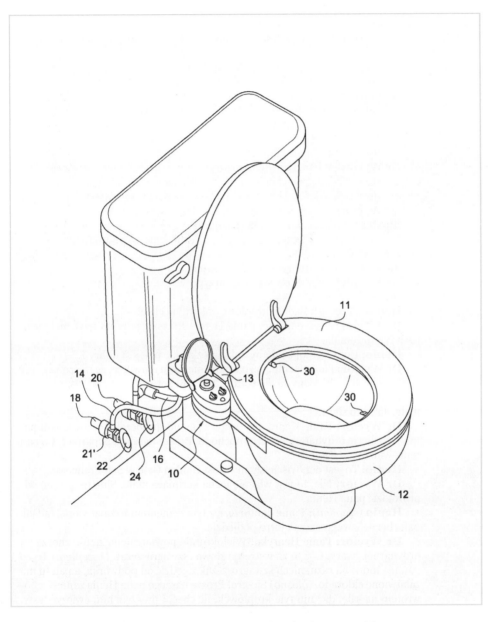

W Hotelu Saskim założono w muszlach potrzaski.

DORADZTWO
INTYMNE

Tu Gandalf. Jak zwykle witam was serdecznie, chłopcy i reszta, i niezwłocznie przystępuję do lektury listów. Oto pisze do mnie nieznajoma z Radomia:

„Drogi Gandalfie! Szukam rady i pociechy. Otóż mój chłopiec piłkę kopie, a wczoraj bramki strzelił dwie. Nie wiem, co robić?".

Najlepiej to wyjść z domu i napotkać gdzieś z rana osiołeczka tarpana.

Można też z ukochanym wychylić się z okien na Starówkę, gdzie radość i spokój. I nie zawracać mi głowy chłopcami kopiącymi brutalnie piłkę. Co innego gra w serso albo berek kucany... No, ale dość o tym. Mam tu drugi, jakże ciekawie zapowiadający się list:

„Kochany Gandalfie. Od razu na wstępie informuję Cię, że najbardziej to lubię tańczyć. Kiedy wkładam rajtuzy i obcisłą bluzeczkę, coś jakby prąd elektryczny przechodzi przez moje ciało. Niestety, dziewczęta wolą mężczyzn w niezgrabnych marynarkach, a mężczyźni wolą dziewczęta. Jak mam w tej sytuacji tańczyć? Twój zdziwiony Robert".

Drogi Robercie, ja też kiedyś byłem zdziwiony. Chodziłem po ulicach w rajtuzach i dziwiłem się uśmiechom złych ludzi. Ale potem spotkałem pewnego mądrego starszego pana, który pokazał mi, jak i gdzie trzeba tańczyć. Chętnie ci tę wiedzę przekażę, przyjedź tylko jak najprędzej i przywieź parę zmian bielizny, bo się strasznie szybko niszczy w tańcu. Pozdrawiam i kończę czym prędzej, bo mamy dzisiaj zawody i muszę wywietrzyć salę gimnastyczną, i zrobić girlandy z krepiny.

TWÓJ GANDALF

PROGNOZY POGODY

ZEBRANE

06

Z pamiętnika doktora Wyciora | CZ. 3

Niedziela, jakoś tak rano

Podczas kontroli społecznej wykryto wczoraj, że ktoś wyniósł z obiektu około trzech kilogramów importowanych narzędzi chirurgicznych wysokiej klasy. Wiem, kto to zrobił, ale nie jestem donosicielem, więc nie powiem. Tym bardziej że ja to wyniosłem. Część najbardziej zużytych narzędzi podrzuciłem z powrotem, żeby już przestali robić wokół tego tyle szumu.

25 lipca, chyba wtorek

Pokaleczyłem się przy wkładaniu fartucha schowanymi w kieszeniach narzędziami. Siostra Marzenka zabandażowała ranę tak silnie, że straciłem przytomność.

8 sierpnia (wpis siostry Marzenki)

Niech doktor nie zwala na mnie. Wyrywał się w czasie bandażowania i rąbnął głową w kaloryfer. W wyniku tego zaczął dodatkowo krwawić obficie z głowy, więc musiałam dodać nowe warstwy bandaża i może rzeczywiście trochę odcięłam dopływ. Ordynator mówi, że jak wszystko dobrze pójdzie, to doktor się wybudzi za trzy, cztery tygodnie i będzie jak nowy.

14 września

Dzisiaj pierwsza operacja po mojej przygodzie z bandażami. Jeszcze nie najlepiej oddycham, ale już prawie wszystko widzę. Wyciąłem panu Jankowskiemu, co się dało, umyłem porządnie, powkładałem w torebki foliowe i włożyłem z powrotem, ale zapomniałem zaszyć. Chyba jeszcze powinienem poleżeć.

WIADOMOŚCI. Z KRAJU

MAŁOPOLSKA. W wędrownym guślarzu okoliczni chłopi rozpoznali inżyniera Parnego, wynalazcę kosy bez ostrza. Po pobiciu go włościanie odprowadzili inżyniera ponownie na szosę.

● ●

Dzięki wydatnej pomocy społeczeństwa na polach koło Jadwisina złapano Murzyna, a na torach pod Koninem jeszcze Murzynkę z Murzynem.

OGŁOSZENIE SĄDOWE

Wanda Papuga-Ptak z Wejherowa uprzejmie informuje, że nie odpowiada za zobowiązania zaciągnięte przez jej byłego męża **Władysława Henryka Ptaka** podczas jego związku małżeńskiego z obecnie nieobecną w kraju **Żanetą Kurą**. W razie niejasności pani Papuga-Ptak zaleca kontakt z reprezentującym ją we wszelkich kwestiach mecenasem **Zbigniewem Sokołem**.

Zabawna gra „Gdzie jest ciasteczko?" jest rozrywką nie tylko miłą, ale i pożyteczną. Bawimy się w nią najczęściej wtedy, gdy na nasze przyjęcie przyjdzie zbyt wielu małych gości. Po stosownych powitaniach i policzeniu uczestników zabawy dyskretnie sprawdzamy, ile przygotowaliśmy ciastek (kawałków tortu, pizzy, hot dogów czy czego tam).

Jako że gości jest więcej, niż pierwotnie planowaliśmy, zapraszamy wszystkich do zabawy w „Gdzie jest ciasteczko?". Każde z dzieci dostaje mały, koniecznie metalowy, widelczyk deserowy z dwoma zębami o rozstawie dokładnie pasującym do gniazdka elektrycznego. Zebranym w pokoju zawodnikom mówimy, że zaraz po zgaszeniu światła uczestnicy muszą szukać tajemniczego „słodkiego sejfu", w którym czeka przepyszna słodka nagroda. Możemy ją obrazowo opisać, oblizując się i mlaszcząc – to poprawia apetyt. Dodajemy, że widelczyk jest kluczem do sejfu. Należy znaleźć odpowiednie dziurki w ścianie i włożyć do nich kluczyk.

Gdy w pomieszczeniu zapada ciemność, zajmujemy dogodną pozycję i liczymy błyski. Każdy błysk to jeden łakomczuch mniej. Gdy suma błysków zgadza się z oczekiwaną liczbą określającą nadmiar gości, przerywamy grę i po uprzątnięciu „najedzonych ciasteczkami" pozostałym podajemy przygotowane wcześniej smakołyki. Jeżeli jesteśmy bardzo głodni, przed ostatecznym serwowaniem możemy powtórzyć zawody, dopasowując liczbę konsumentów do swoich potrzeb.

PS Oczywiście, potrzebne są w tym celu tak zwane automatyczne korki. Tam dyżuruje nasz asystent. Po każdym błysku wciska korki ponownie. Bez prądu nie byłoby przecież udanej zabawy!

Wybrane fragmenty dzienników na temat państwa Koźlików

Czwartek, inżynier znów w delegacji!

Zaszła do mnie zaniepokojona pani Koźlikowa. Niby pożyczyć jajko, ale w rzeczywistości po poradę. Otrzymała bowiem z samego rana pilną pocztą kartkę od męża znad morza. Obejrzałem ją dokładnie. Na kolorowym zdjęciu widniały ruiny zamku w Chęcinach, a na odwrocie tekst:

„Droga rzepko-kalarepko, konferencja się przedłuża. Całymi nocami negocjujemy ważne dla zjednoczenia kwestie. Wczoraj siedzieliśmy do szóstej rano, dyskutując, czy lepiej ustalać jadłospis w stołówce za pomocą podwójnej większości, czy może metodą pierwiastkową. Jeszcze teraz mi od tego głowa pęka. Proszę, przyślij mi czym prędzej aspiryny, ten nowy krawat z pędzącymi końmi i zapas bielizny (gacie). Wrócę, jak tylko będę gotów.

Twój mąż Koźlik

PS I dorzuć z 1000 złotych, bo niechcący przebiłem na falach materac kolegi i muszę odkupić".

Pani Koźlikowa, niepytana, od razu powiedziała, co myśli na ten temat: „Uważam, że stary znowu kombinuje z jakąś babą. Za grzeczna ta kartka i z tym materacem też podejrzane. On nawet w domu prawie nie wchodzi do wody. Może by pan redaktor coś poradził?". Powiedziałem, że się zastanowię, ale potrzebuję trochę czasu.

Pani inżynierowa wyszła zamyślona, zamiast jajka biorąc z lodówki kilo kiełbasy grillowej i ledwo napoczęty słoik ogórków konserwowych łagodnych.

Czwartek, ale już następny

Nie zdążyłem jeszcze przygotować sensownej i uspokajającej rady dla inżynierowej, gdy od pana Kornela z kiosku dowiedziałem się, że pan Koźlik powrócił, do tego jakby odmieniony.

Postanowiłem to sprawdzić i zaczaiłem się na półpiętrze. Nie czekałem długo. Inżynier Koźlik pojawił się z wiadrem koło zsypu. Od razu wydało mi się, że jest trochę bardziej pastelowy, łagodny, a nawet chwilami zamyślony. Po krótkim powitaniu podzielił się ze mną pewnymi przemyśleniami. Większość z nich pozostawiłem bez odpowiedzi, gdyż należały do grupy beznadziejnych. Oto kilka przykładów:

– po czym poznać kota?
– dlaczego nie ma lodów wołowych?

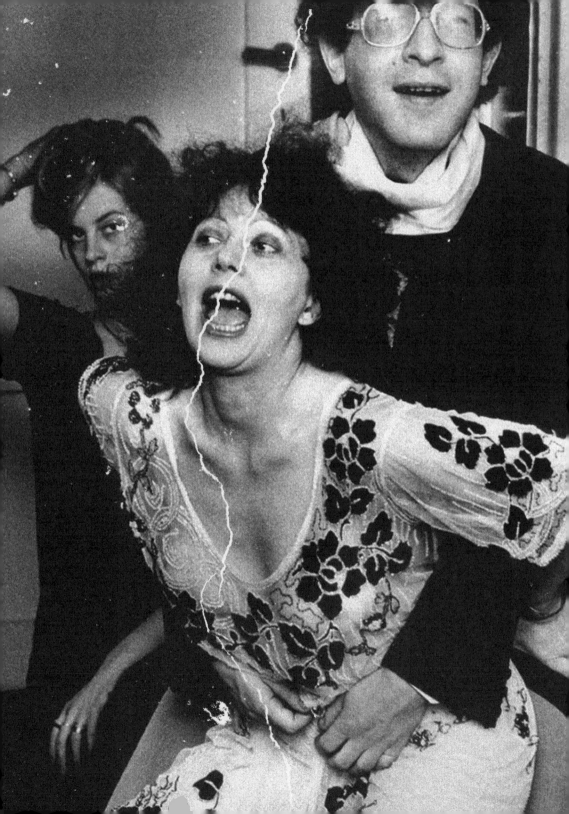

– czy to prawda, że kobiety nie widzą koloru żółtego?

– skąd się biorą ryby?

Sobota, lekko pada

Przez kilka dni zastanawiałem się, skąd u politechnicznie wykształconego sąsiada tak abstrakcyjne zagadnienia, jak pytanie: po czym poznać kota? W wyjaśnieniu zagadki pomógł mi niezawodny pan Kornel. Otóż, będąc na pobliskim bazarku, spotkał swoją dawną żonę, Halinę, która przyjaźni się z panią Koźlikową. I właśnie ta Halina podsunęła pani K. sposób na Panakoźlikowe zachwyty nad niepoślubionymi mu damami. Recepta jest prosta: regularne bijanie w bolesne miejsca z towarzyszącą mu informacją o obowiązkach małżeńskich. Ciekawe, czy podziała?

Niedziela, z samego rana

Inżynier Koźlik obudził mnie triumfalną informacją, że pogodził się z małżonką, dzięki czemu sine plamy na jego ciele pomału znikają. Jego wybryki na kursokonferencji zostały wybaczone, przeprosiny wielokrotnie zaakceptowane, kwiaty cięte przyjęte. Ekspiacja inżyniera wydaje się jednak nie mieć końca. Chce żonie udowodnić, że jego skrucha jest trwała i głęboka. W ramach odkupywania grzechów przygotował i wypalił specjalną płytkę DVD w nakładzie jednego egzemplarza. Nosi ona tytuł „Dla mojej kochanej żony – inżynier odrodzony".

Po wsunięciu płytki do odtwarzacza widzimy na ekranie inżyniera w jego najlepszym garniturze i świeżo wypastowanych sandałach, który wygłasza bardzo długi wiersz własnego autorstwa, zaczynający się od słów: „Byłem łotrem, chamem byłem, lecz się nagle odrodziłem", a kończy: „a za chwilę, moja słodka, ujrzysz taniec swego kotka, bo wszystko robię dla ciebie, nawet kupiłem ten grzebień". I na tymże grzebieniu inżynier wykonuje szarpiącą serce wersję pieśni o jagodach:

Czerwone jagody
Spadają do wody
Powiadają ludzie
Że nie mam urody

Choć nie mam urody
I zwiędłe jagody*
To tańczę ci, żono
Tango na znak zgody

Taniec towarzyszący wykonaniu tego utworu był tak wstrząsający, że pani inżynierowa przy każdym jego odtworzeniu zalewa się falami łez. Pan Kornel twierdzi, że to ze śmiechu. Może i tak, ale jak wiadomo, najważniejsze w małżeństwie jest łagodzenie agresji wszelkimi sposobami. I tego inżynier Koźlik dokonał.

---

* Po konsultacji ze mną inżynier użył słowa „jagody" na modłę staropolską, w znaczeniu „policzki". Trochę bez sensu, ale do rymu.

WIADOMOŚCI. ZE ŚWIATA

Na Zachodzie bez zmian.

DORADZTWO
INTYMNE

Tu Gandalf, bardzo przepraszam, że wyglądam trochę nieporządnie, ale lekko zabałaganiliśmy w szatniach na basenie. Śmiechu było co niemiara, bo pan Jacek zgubił mydło i w ogóle, no i właśnie dlatego tak się krzywo pozapinałem. Ale już doprowadzam się do porządku i przystępuję do lektury waszych listów. Ot, weźmy pierwszy z tej kupki od chłopców. Ja je sobie tak po prostu dla wygody segreguję: listy od chłopców na lewą stronę, a od dziewcząt – do kosza.

No więc pisze tu do mnie Władek z Kieleckiego. A pisze tak: „Drogi Gandalfie! Jestem okręgowym mistrzem we wschodnich sportach walki. Jestem szybkim i dosyć gibkim zawodnikiem i zawsze ceniłem tych, którzy mieli i szybkość, i gibkość. I właśnie niedawno – myślę, Gandalfie, że mnie zrozumiesz – zakochałem się. Ta miłość może mnie skłaniać do zmiany dyscypliny. Co robić?".

Cóż, Władeczku, idź za głosem serca. Ja też kiedyś się wahałem, aż spotkałem pewnego starszego, mądrego pana... Zaraz, co tu jeszcze jest w tej kopercie, zdjęcie? Zdjęcie kobiety? A na odwrocie napisałeś:

„Drogi Gandalfie. To moja wybranka, kajakarka Małgosia. Namawia mnie, żebym wiosłował". Wiesz, Władku, zawiodłem się na tobie. Zmiana dyscypliny sportu ta rzecz niegodna. A jeszcze z walk na kajakarstwo – wiosłowanie, tak paskudnie wykoślawiające harmonijną sylwetkę młodego chłopca! A co do twojej Małgosi, to nie wiem, czy zauważyłeś, że ma lekkiego, a nawet sporego zeza, nie najlepszą cerę i długi nos. Jesteś młody, nie rób niczego, co mogłoby ci złamać życie i pięknie zapowiadającą się karierę. Nie ma to jak zgrana paczka wysportowanych chłopaków! Nie narażaj się na niepotrzebne problemy, których może ci przysporzyć ta zezowata Małgosia. Hej!

TWÓJ GANDALF

STRASZLIWA WALKA
ŻELAZNEGO KARŁA

 elazny karzeł imieniem Wasyl siedział pewnego słonecznego ranka na kupie ogryzionych kości do gry i zastanawiał się, co z sobą począć. Czuł w sobie młodość, siłę i wolę życia. Nagle zza pobliskiego pagórka wyleciał potężny kondor w różowej sukni balowej. Karzeł wybałuszył na niego swoje metaliczne oczy i mrugnął parę razy ze zgrzytem.

Tymczasem kondor zataczał kręgi nad Wasylową polaną, rozsiewając zapach perfum i kaszląc dyskretnie. Żelazny karzeł aż wkręcił sobie palec w imadło, aby sprawdzić, czy nie śni. Ale kondor ani myślał znikać. W pewnym momencie podkołował jeszcze bliżej i z gracją upuścił dokładnie pod nogi karła śliczny słoiczek po ogórkach konserwowych.

W słoiczku tkwiła tekturowa karteczka. Karzeł z zaciekawieniem odgryzł wieczko i wyjął kartonik. Na kartoniku wydrukowane było zaproszenie: „Każdy, kto ma chęć i odwagę zmierzyć się z mistrzami zapasów podczas dorocznego turnieju królewskiego, niech się stawi w stolicy z odpowiednim ekwipunkiem. Zwycięzca otrzyma dużo nagród i będzie sławny jak nie wiem co".

„Bardzo lubię dużo nagród" – pomyślał Wasyl. Kopnął kondora w zdziwiony dziób, zanucił dla kurażu piosenkę praczek siłaczek i ruszył w drogę. A w stolicy festyn już w pełni. Wielki dziedziniec królewskich zakładów przemysłowych udekorowany portretami króla w towarzystwie przodowników pracy. A na trybunie – aż oczy bolą patrzeć!

Królewna Konstancja w pięknej papierowej czapce, Jego Królewska Wysokość z oswojonym tapirem na plecach, a tuż za nimi królowa matka w dybach. Jego Wysokość dał berłem znak i przodownicy pracy zatrąbili, czym kto tam miał. Turniej rozpoczęty!

Wyszedł Wasyl na arenę do pierwszego pojedynku. Patrzy na przeciwnika i aż go litość wzięła. Stoi człowieczyna, drobniutki, chudziutki, i nieśmiało się uśmiecha. Ruszył Wasyl do przodu i wyprowadził straszliwy cios. W tym momencie człowieczka złapał napad kaszlu i aż go zgięło. Furkocząca pięść Wasyla trafiła w próżnię. Niepohamowana siła uderzenia wyrwała karłowi rękę z barku. Zdziwiony Wasyl stracił równowagę i próbując się ratować, chciał się oprzeć o przeciwnika. Ten jednak właśnie poszedł do szatni po chustkę do nosa. Nie znajdując oparcia, Wasyl grzmotnął o bandę tak nieszczęśliwie, że głową rozpłatał sobie plecy, z których chlusnął spieniony olej.

Król uważnie obserwował walkę, z uśmiechem wachlując się oswojoną martwą kaczką. Niebawem konferansjer ogłosił wszem wobec: „Wasyl Żelazny pokonany bezapelacyjnie przez Władysława Tkaczyka!".

Ale Władysław Tkaczyk już tego nie słyszał. Ze strachu przed powrotem do walki z Wasylem powiesił się w szatni na kranie z ciepłą wodą. Tłum wiwatował. Wasyla woźni zawinęli w natłuszczony pergamin... Ale to już zupełnie inna historia, którą opowiemy następnym razem.

MGR CZUPURNY RADZI

Tak, nie pomyliliście się – to ja, magister Czupurny, jak zwykle spieszę z pomocą, kiedy tylko mnie potrzebujecie. Oto list, który wysłała do mnie Regina z Lublina. Niestety, nie udało mi się go zrozumieć. Piszesz niewyraźnie, a do tego cały list jest mokry i poplamiony, ponieważ najwyraźniej, pisząc, beczałaś jak przysłowiowy żubr. Prawdę mówiąc, to jak się jest smutnym, nie powinno się pisać listów. Osoba, która dostaje taką korespondencję, może się przejąć i wpaść w melancholię. Tak jak ja. He, he, he, tylko żartowałem, daliście się nabrać jak głupki. Mnie jest zawsze wesoło, dlatego dobrze radzę nawet smutasom. Tu mam następny list, tym razem od kogoś innego, a mianowicie od inżyniera Koziołkiewicza z Łowicza. Inżynier już na wstępie szkicuje na wesoło swoją sytuację: „Opuściła mnie długoletnia narzeczona Maria Wanda Kampinoska. Początkowo chciałem się utruć krochmalem (*zwracam panu inżynierowi uwagę, że mówi się „otruć", a nie „utruć"*), potem, kiedy nic z tego nie wyszło poza bólem żołądka, wbiłem sobie góźdź w nogę, żeby się wykrwawić (*„gwóźdź", panie Koziołkiewicz*), ale wbijałem odwrotną stroną i popsułem młotek. Co robić z tęsknoty za Marią Wandą?". Odpowiedziałem inżynierowi, żeby spróbował perswazji. I oto najnowszy list z Łowicza. „Serdecznie dziękuję, magistrze Czupurny, tak jak Pan radził, użyłem perswazji za pomocą tego samego młotka, który uszkodziłem. Maria Wanda wytrzymała jedynie kwadrans perswazji i znowu jesteśmy razem. Tą samą metodą z odwrotnym skutkiem przeperswadowałem tego Zygmunta. Już nie jest z Marią Wandą".

I proszę, ile można zdziałać na wesoło, bez zalewania się głupimi łzami. Aha, jeszcze jedno, panie inżynierze, w zdaniu, cytuję: „na koniec jeszcze dostała po piurach", „pióra" piszemy przez „o" z kreską.

ULUBIONE PIOSENKI
WSZYSTKICH POLAKÓW

MGR CZUPURNY RADZI

Może zacznę dzisiaj od tego, że nigdy ja ani moja stacja nie mówiliśmy, że te porady to są gwarantowane. One są bardzo dobre, ale co babie trafi do głowy, to już nikt nie przewidzi. Powiem, jak było. Przyjechał tu do mnie, pod nasz wieżowiec redakcyjny, obywatel z Lubelskiego. Mówił, że nie chciał pisać, bo ma coś z oczami i mu się litery mylą. No, dobra – myślę – pomogę mu bezpośrednio, bo wyglądał na desperata. Trząsł się cały i powtarzał w kółko, że on z tego świata może i zejdzie, ale nie sam. No to grzecznie pytam: z kim? A on mówi, że ze mną. A ja na to: a dlaczego, baranie? A on, że mu słoneczko na jego niebie zgasiłem. A ja, że ostatnio to nic nie gasiłem, bo mam dużo roboty. A on: czy znam Krystynę Cecylię dwojga imion? I tu mi się, niestety, przypomniało. Faktycznie, przyjechała taka po radę do mnie. Jakoś tak marnie rozumiała, co jej mówiłem, więc zaproponowałem, żeby została parę dni. Tak, Krystyna Cecylia, nawet na nią zdrobniale KC mówiłem. A jak myślałem, że już wróci do tego swojego Lubelskiego, to mi akwarium kupiła i zaczęła garnitur szyć... Głupio było jej wprost powiedzieć, że co jak co, ale ryby to mnie nie rajcują. Ale jak już mi wyremontowała motocykl i poszyła pokrowce na buty, kazałem jej wracać do tego jej chłopa. A teraz się dowiaduję, że w Ameryce na skuterze na golasa jeździ między delfinami i ma na froncie wytatuowane „CZUPURNY My Love". A te „U" w „Czupurny" to akurat wypadają tak równo, że dyrekcja nie pozwala jej się ubrać. I co?! To może moja wina, że się tak nazywam?! A dajcie mi spokój. Może sam się kopnę na tę Florydę.

WASYL PIOSENKARZEM

elazny karzeł imieniem Wasyl postanowił zostać piosenkarzem. Przyszło mu to do głowy, gdy kiedyś u swego sąsiada Krzywego Wilka siedział na telewizji. Krzywy Wilk był jedynym w okolicy posiadaczem telewizora z ekranem, notabene dość starego typu. Kiedyś, jedząc zbłąkanego turystę, Wilk złamał sobie ząb na czymś twardym. Tym czymś twardym okazały się kluczyki do przyczepy campingowej.

Krzywy Wilk poszedł więc splądrować przyczepę i znalazł w niej między innymi telewizor Junost. Odbiornik nie był w stu procentach sprawny, gdyż Wilk parokrotnie upuścił go w drodze do domu, ale zajmował honorowe miejsce w wilczym salonie, przykryty własnoręcznie przez Wilka oprawioną baranią skórą z wnętrznościami.

A więc siedział karzeł u Wilka w gościnie i oglądał sobie telewizor. Kineskop był rozbity, więc barania skóra nie przeszkadzała w odbiorze. Spod niej natomiast dobywały się nieprzyjemne dźwięki. „Co to za program?" – zapytał karzeł. „Zaraz sprawdzę – rzekł Wilk i zerknął do gazety. – Tu piszą, że teraz jest parada przebojów. Fajny program". „Fajny – przyznał karzeł – tylko dlaczego tak charczy?" „To piosenkarze – odparł Wilk – zarabiają masę forsy".

„To ja też zostanę piosenkarzem" – rzekł karzeł. Po nocnym treningu postanowił sprawdzić swoje wokalne możliwości. Zaprosił do siebie wiewiórkę Łysą Skórkę, posadził ją w fotelu i zacharczał.

„Co to jest?" – spytała wiewiórka. „Piosenka – odrzekł karzeł. – Musisz mi zapłacić furę pieniędzy". Wiewiórka, która niemało widziała, zaczęła pękać ze śmiechu. „To ma być piosenka!? – krzyczała. – Ty głupi żelazny cebrze, nie masz pojęcia o muzyce!" Urażony karzeł zabił wiewiórkę i z pretensjami ruszył do domu Krzywego Wilka. Ten wysłuchał go w milczeniu i wreszcie rzekł: „Wybacz, kochany, to wtedy faktycznie nie była parada przebojów. Przez omyłkę spojrzałem nie na ten program. To, co wczoraj oglądaliśmy, to był mecz hokejowy". „A ci od hokeja dobrze zarabiają?" – zapytał karzeł.

„Jasne, że dobrze – powiedział wilk – to fajna zabawa". „Dobrze – odparł karzeł – w takim razie zostanę hokeistą. Idę poszukać dzięcioła Kwiczoła. Pokażę mu, jak śpiewają hokeiści. Będzie musiał mi zapłacić masę forsy". Na las padł śmiertelny strach. A żelazny karzeł imieniem Wasyl szedł mocnym krokiem wśród drzew i uśmiechał się, wyobrażając sobie, jak zadziwi dzięcioła Kwiczoła i innych znajomych.

Na wszelki wypadek miał zatkniętą za pas nowiutką siekierę.

DORADZTWO
INTYMNE

Tu Gandalf. Witam wszystkich i bardzo przepraszam za spóźnienie, ale szal mi się wkręcił w przerzutkę i dopiero jeden wspaniały chłopak pomógł mi się wyplątać. Chciałbym mu tą drogą podziękować i zaapelować, by jak najprędzej zgłosił się do redakcji, gdyż dopiero tu zauważyłem, że omyłkowo zamieniliśmy się podkoszulkami.

Trzeba sprawę załatwić do końca, prawda? Nie chcemy przecież wyjść na niezgrabiaszy. He, he, he...

Ale do rzeczy. Leży przede mną kilka listów od dziewcząt – na nie odpowiem przy innej okazji. I jeden naprawdę ważny, od Waldka z Wybrzeża. Oto co pisze Waldek:

„Drogi Gandalfie! Wierzę, że mi pomożesz. Jestem od dwóch tygodni marynarzem. Podoba mi się ta praca i chciałbym ją wykonywać jak najlepiej, ale są trudności. Krótko mówiąc, kapitanowi nie podoba się wiele rzeczy, które robię. Drażni go, że nucę sobie podczas wachty. Wyśmiał mnie i ukarał za to, że chcąc ubarwić monotonię munduru, wkładałem pod bluzę kolorowe koszulki we wzory. Były i w kwiatki, i w małe misie. Kiedy na imieniny kapitana chciałem mu zrobić niespodziankę i wyhaftowałem serwetkę w serca z napisem »Niech żyje nasze morskie słoneczko«, kazał mi ją sobie wsadzić. Co robić?".

Waldeczku! Oczywiście nigdzie tej serwetki nie wsadzaj. Na pewno ci się przyda.

Ja też kiedyś miałem podobną historię – kiedy przez pewien czas służyłem w ułanach, z tym że wówczas wchodziła w grę lanca. Czułem się, prawdę mówiąc, podle. Doszło nawet do tego, że zaniedbałem swego konia. Dopiero kiedy spotkałem mądrego starszego pana, zresztą doświadczonego oficera w stanie spoczynku, wszystko zaczęło się układać. Wyjaśnił mi różne problemy, a nawet pokazał to i owo. Myślę, Waldku, że spłacę ten dług, jeśli teraz ja wytłumaczę tobie pewne sprawy i pokażę, co trzeba. Przesyłam adres – przyjedź koniecznie, jak będziesz miał przepustkę, i nie obawiaj się niczego. Twoje kolorowe koszulki też mi nie będą przeszkadzały, bo nie jestem gburem jak ten kapitan.

TWÓJ GANDALF

Z pamiętnika doktora Wyciora | CZ. 4

Środa, zaraz po obchodzie

Pacjent z ósemki, magister Wyschły, sam sobie robi zastrzyki z czego popadnie. Nie chce się przyznać, skąd bierze jednorazówki i lekarstwa. Siostra Kulanka mówi, że na własne oczy widziała, jak wpakował sobie serię szesnastu iniekcji w różne miejsca. Pytałem, dlaczego nie interweniowała. Powiedziała, że była nieubrana, więc się krępowała. Nic z tego nie rozumiem.

Piątek czternastego czy jakoś tak

Magister Wyschły jest już prawie zdrowy. To jakiś cud, bo kiedy go przyjęto, dawałem mu najwyżej dwa, trzy tygodnie. A do tego jeszcze w ogóle nie respektował moich zaleceń i zamiast leżeć, zamieniał pacjentom z sali kroplówki i ślizgał się po korytarzu na kliszach z rentgena. Kulanka go nie odstępuje na krok. Ściśle biorąc, jest z nim zamknięta od wczoraj w brudowniku i nikogo nie wpuszczają. Od tego wszystkiego rozbolała mnie głowa i parę innych miejsc.

Poniedziałek

Wyschły wypisany, Kulanka rzuciła pracę. Wstrzyknąłem sobie wszystko, co po Wyschłym zostało. Bóle minęły. Za to psychicznie jestem chyba w dołku. Może pojeżdżę na kliszach?

Tablet bezdotykowy
60.

Model bez wyświetlacza!

Wybrane fragmenty dzienników na temat państwa Koźlików

Sobota, ciepły wczesny wieczór

Zajrzał do mnie bardzo zaaferowany inżynier Koźlik. Powiedział, że w ramach rozwijania osobowości zapisał się na kurs wokalny. Po kilku zajęciach chóralnych, podczas których ćwiczono pieśń *Zasiali górale...* oraz hymn narodowy, przyszła pora na zajęcia w podgrupach, a właściwie w duetach. Inżynier wylosował bardzo muzykalną i utanecznioną mgr Szostak. Mają przygotować jakiś śpiewany duet, który będzie podstawą zaliczenia pierwszego etapu kursu. Obojgu bardzo zależy na zaliczeniu, gdyż wówczas będą mogli wspólnie szlifować swe umiejętności na wyższym poziomie, a zaobserwowali, że wyjątkowo dobrze im się razem śpiewa, a nawet w przerwach rozmawia. Stąd prośba do mnie, abym zaproponował im jakąś nadającą się do zaśpiewania na dwa głosy piękną piosenkę.

Wybrałem piękny utwór, rozpoczynający się tak:

Patrz, już zabłysł gwiazd bladych sznur
Wiatr ucichł i skonał w objęciach szarej nocy

Proszę cię, błagam, przyjedź nazajutrz
Ja będę czekał z białą konwalią
Dobranoc, miła, miej najpiękniejsze sny

Inżynier zabrał nagranie i kartkę z tekstem i wybiegł. Po jakimś czasie powrócił zatroskany. Magister Szostak odrzuciła piosenkę. Nie podobał jej się fragment, w którym miała iść spać. Poza tym, uśmiechając się tajemniczo i patrząc Koźlikowi prosto w oczy, powiedziała: „Ja tam nie potrzebuję tych twoich konwalii, wolę, jak mnie okiełzna prawdziwy mężczyzna". Przerażony inżynier poprosił mnie o pomoc, więc pomyślałem o piosence żartobliwej:

Trzeba łysych pokryć papą
Lecz funduszy nie ma na to
My fundusze zdobędziemy
Łysych papą pokryjemy

Inżynier pojawił się u mnie ponownie jeszcze tego samego wieczoru. Długo nie zapomnę jego twarzy. Wyrażała bezbrzeżny żal, sporo bólu i popłoch. Magister Szostak, jak się okazało, nosiła perukę. Kiedy zorientowała się, o czym jest

proponowana piosenka, bez słowa uderzyła inżyniera torebką w czoło, a następnie wyjęła z niej telefon komórkowy i połączyła się z prokuraturą, zgłaszając zamiar popełnienia przez inżyniera przestępstwa na jej osobie. Doszłoby zapewne do prewencyjnego zatrzymania pana Koźlika, gdyby nie to, że poprzedzające rozmowę uderzenie go w czoło było na tyle silne, iż z telefonu wyleciała bateria. Dało to memu przerażonemu znajomemu czas na nieznaczne uspokojenie pani magister i zapewnienie jej, że nawet jeśli sztuczne, to ma przepiękne włosy i o kryciu papą nie może być mowy. Jak jednak łatwo się domyślić, wspólne śpiewanie z magister Szostak stało się nierealne.

Deszczowy wtorek, czytanie korespondencji
Siedziałem sobie wygodnie w fotelu i czytałem ciekawe listy. Na przykład ten, z dopiskiem „bardzo pilne", od dalekiego kuzyna, Kryspina z Konina. Okazało się, że żona Kryspina z Konina, Justyna (notabene z Berlina – panieńskie nazwisko Ziegenbock), jest ostatnio podenerwowana. Tu następował szczegółowy opis stanu Justyny Ziegenbock, niestety po niemiecku. Odłożyłem ten ciekawy list na później. Przeczytam go zaraz po tym, jak nauczę się niemieckiego.

Sięgnąłem po następną kopertę, od Mariusza z ratusza. Właśnie wziąłem przewodnik pod tytułem *Ratusze polskie*, żeby dokładniej zlokalizować Mariusza i jego ratusz, kiedy bez pukania wtargnął do mnie z hukiem inżynier Koźlik. Zaskoczony zapytałem, co się stało, ale inżynier tylko krzyknął: „Zaraz, tylko wyżmę!", i zniknął w łazience. Po pewnym czasie powrócił, trzymając w rękach ogromną, pomiętą i wilgotną chustę. „To od łez, musiałem wyżąć, bo mi cieko po ubraniu" – westchnął i usiadł. Przeczuwając jakąś tragedię, ruszyłem do kuchni, żeby naparzyć bardzo drogiej uspokajającej herbaty, którą trzymam na takie okazje. Ale mój gość, jakby przewidując te zamiary, kazał mi usiąść. „Niech pan się nie boi, ja tak ryczę ze wzruszenia i szczęścia. Otóż, panie redaktorze, powiem panu, że jak obejrzałem w telewizji kolejny program z różnymi opcjami i dyskusjami, to nagle zrozumiałem, że te ich różnice i ofukiwania to tylko kamuflaż, a oni zwyczajnie się kochają. Tylko im pewnie wstyd przed kamerami za ręce chodzić i kwiaty sobie ciągle dawać. To udają maczo. Czy może macza, bo ich jest dużo. I jak sobie uświadomiłem, że oni tak się kochają między sobą i jak kochają swoją ojczyznę i jej obywateli, to nie wytrzymałem. Nawet się zastanawiałem, czy nie zgłosić wniosku o beatyfikację, tfu, co ja gadam, kanonizację wszystkich, którzy występują w telewizorze... Ale żona powiedziała, że to może byłoby lekkie przegięcie, bo oni głównie są tak skromni, że może wystarczyłyby im wyższe diety. No to już trudno – pomyślałem – jak będzie, tak będzie, ale ja muszę tę dobroć przełożyć na swoje życie osobiste. Zrobię to 8 marca, żeby nie wiem co". I wybiegł, kapiąc z chusty.

WASYL I MARYLKA

elazny karzeł imieniem Wasyl był w złym nastroju. Wszystko go drażniło, nie mógł sobie znaleźć miejsca. Siedział teraz przed zepsutym telewizorem Elektronika i bezskutecznie usiłował uzyskać obraz, uderzając dość silnie pogrzebaczem w kineskop. Nagle, wbrew wszelkiej logice, na ekranie ukazał się Frank Sinatra. Karzeł uderzył jeszcze mocniej – Sinatra ukłonił się i znikł.

Wasyl zawołał swoją gosposię, biedronkę Marylkę. Marylka weszła uśmiechnięta do saloniku i spytała, czy ma już podać obiad. Karzeł przez chwilę zastanawiał się, czy zabić Marylkę pogrzebaczem, ale nie zdążył podjąć decyzji, gdyż na ekranie zepsutej elektroniki pojawił się Frank Sinatra z ubranym w opalacz kapitanem Klossem i zaczęli się kłaniać. Wasyl wybałuszył porcelanowe oczy i warknął: „Czego?!". Sinatra i Kloss, całując się, odlecieli na wielkim latawcu.

Wasyl zdał sobie sprawę z tego, że majaczy. Przywołał się do porządku i rozejrzał wkoło.

Telewizor nie działał, a Marylka krzątała się przy stole. Zmęczony żelazny karzeł uznał, że jego stan jest karą za wszystkie złe uczynki, i postanowił, że będzie dobry dla Marylki. Odłożył pogrzebacz i powiedział łagodnie: „To podaj, maleńka, obiad na dwie osoby. Zjemy razem i pogawędzimy". Zdziwiona biedronka błyskawicznie nakryła i wniosła dymiącą wazę. Wasyl łapczywie zaczął chłeptać gorącą zupę na towocie, a biedronka z gracją ogryzała nogę mszycy. „Słuchaj, Maryla – zaczął Wasyl – wiem, że nie najlepiej cię traktuję. Chciałbym ci to wynagrodzić. Możesz sobie dzisiaj pooglądać telewizję". „Ale mnie Sinatra i Kloss nie interesują" – odparła biedronka. „To oni byli naprawdę!?" – wrzasnął Wasyl. „To znaczy, że ze mną wszystko w porządku!" – dodał. I jednym walnięciem pogrzebacza zabił Marylkę. Uspokojony usiadł na ganku i zakurzył fajeczkę zrobioną z kaloryfera. Siedział tak długo w błogim bezruchu. Pod wieczór przyszła burza i piorun zabił Wasyla na miejscu. Nad osmolonym kadłubem byłego karła unosili się w objęciach Kloss z Sinatrą, śpiewając na dwa głosy piosenki z repertuaru Ałły Pugaczowej. Zmierzchało.

CO ZROBIĆ, ŻEBY PORADZIĆ SOBIE ZE SZKOŁĄ

Częstokroć przychodzi na dziecko taki szczególny nastrój, że nie bardzo mu odpowiada perspektywa pobytu w szkole. Czy to zestaw lekcji jakiś nieodpowiedni, czy może w ogóle coś jest w powietrzu – szkoła nie pasuje. I tu rodzi się problem. Otóż osoby stare, czyli rodzice i inne wuje, mają obrzydliwy zwyczaj lekceważenia nastrojów dziecka. A przecież jak ono dorośnie, to może uchwalić takie prawo, że starzy się nie pozbierają. Mimo to wypychają młodego obywatela do tej przereklamowanej szkoły.

Tak więc dziecko musi samo sobie radzić. Ale mądrze. Znane są przypadki głupich działań. Na przykład spektakularne robienie sobie krzywdy. Helenka M. z Podlasia powiedziała rano, wychodząc z domu, że idzie do szkoły. Wbrew obietnicy wyjechała do Stanów Zjednoczonych, gdzie ma dziś sieć dwóch sklepów garmażeryjnych Kluska. Wiadomo, bez studiów wylądowała w gastronomii. A rodzice muszą robić dobrą minę.

Z kolei Walerek z Kielc, chcąc uniknąć przykrego dnia w szkole, na złość nauczycielom nauczył się wszystkich przedmiotów. Niespodziewanie dostał celujące stopnie z wszystkich klasówek, testów i kartkówek, a także z odpowiedzi ustnych. Rada nauczycielska uznała to za grubymi nićmi szytą prowokację i wywaliła idiotę ze szkoły.

Unikać szkoły należy więc sensownie, tak aby nie drażnić nauczycieli i nie wpakować się w niespodziewaną emigrację.

Najsensowniejszą drogą jest możliwie szybkie zapisanie się do młodzieżowej sekcji mocnej partii politycznej. Wówczas każdy belfer zaakceptuje informację, że musimy być na biurze albo na klubie albo że są wybory lub manifestacja. Powodów opuszczenia lekcji jest mnóstwo, a nie wymagają trudnego do podrobienia podpisu ojca czy jego żony.

WIADOMOŚCI. Z KRAJU

Jak donosi prasa terenowa, w niektórych rejonach kraju handel uspołeczniony wprowadził w swoich placówkach ciekawą innowację: otóż osoby pytające w sklepach spożywczych o żółty ser otrzymują ostrzeżenie na piśmie. Osoby pytające o kabanosy są aresztowane.

WIADOMOŚCI. Z KRAJU

Jak donosi nasz korespondent z Zabrza, wynalazca elektryczności Jakub Sprężyna tak się objadł kawiorem, że puszczał bańki nosem.

SPOSTRZEŻENIA PANA HENIA

Siostra: Panie doktorze, pan Henio znowu przywiązał się do szafy z tamponami i nie pozwala się odciąć.

Dr Wycior: A o co mu tym razem chodzi?

Siostra: Mówi, że po pierwsze, pan mu obiecał, że w tym tygodniu pan go wypisze, a po drugie, że mu jest pan winien trzy etykiety likierowe za nalepkę z wiśniówki Baczyńskiego, coście się wtedy nad ranem wymieniali.

Dr Wycior: Bezczelny facet. Niczym się nie wymieniałem, tylko mu skonfiskowałem nalepkę razem z pełną butelką. Niech go pani wprowadzi.

Siostra: Z szafą?

Dr Wycior (*zniecierpliwiony*): No, dobrze, wyjdę do niego... (*po chwili*) I co, panie Heniu, pan, zdaje się, chce u nas znowu zimować?

Henio: Doktorze kochany. Pamięta pan, co pan obiecał? Że pan Heniutka wypisze i odwiezie do domu swoim wartburgiem. I co?

Dr Wycior: I nic. Pan znowu pił! (*szeptem, do siebie*) Jakim wartburgiem? Co on gada?

Henio: I że pan mi da buziaka i dwa chomiki, jak będzie miot.

Dr Wycior (*ostentacyjnie, głośno*): PAN OSZALAŁ, CZŁOWIEKU!! Siostro, proszę mi zaraz przynieść sera żółtego... (*cicho do Henia*) Panie Heniu, pan nie robi afer, faktycznie obiecałem te chomiki, ale po co tyle hałasu na cały szpital?

Henio: Teraz to mam być cicho, a jak pan przychodzi w nocy, to pan obiecuje, a potem pan mi robi te testy na wyleczenie i wszystko od razu szlag trafia.

Dr Wycior (*nadal szeptem*): Dobra, panie Heniu, ja teraz panu podam prawidłowe odpowiedzi. Jak przyjdzie siostra, to pan to tylko powtórzy, ja to zaliczę i będzie wszystko cacy. Rozumie pan? A teraz, uwaga! Niech pan zapamięta: „cyrkiel" i „chore kolana".

Wchodzi siostra.

Siostra: Nie ma sera, panie doktorze.

Dr Wycior: Wiem. Siostro, proszę o blankiet, zrobimy naszemu Heniowi test. Jest pan gotów?

Henio: Tak, doktorze.

Dr Wycior: To teraz niech pan uważa. Siostro, poproszę o planszę. Panie Heniu, co pan widzi na tej ilustracji?

Henio: Cyrkiel.

Dr Wycior: Przykro mi, panie Heniu, to słaba odpowiedź. Niech siostra powie nam, co jest na tej ilustracji.

Siostra: Na tej ilustracji widzę oczywiście lochę karmiącą małe.

Dr Wycior: Hm, czyli nie cyrkiel, panie Heniu. (*Henio wydaje odgłosy, wśród których słychać bolesne „Co pan, co pan?"*) Niech pan się nie denerwuje, każdy może się pomylić. Na pewno wyciągnie pan się przy drugim pytaniu. Oto pytanie: „Co było bezpośrednią przyczyną śmierci legendarnego Smoka Wawelskiego?".

Henio (*niepewnie*): Chore kolana?

Dr Wycior: Obawiam się, panie Heniu, że jeszcze musimy nad panem popracować. (*po cichu*) Panie Heniutku, za tydzień, dwa powtórzymy test, wtedy na pewno też panu pomogę. Na razie umówmy się na wieczór, jak wszyscy wyjdą. Mam dla pana fajną serię z żywca. Oddam za te smirnoffy, które pan ma na wymianę. A potem pana załadujemy do mojego wartburga i powieziemy do domku. I dodam te chomiki albo coś innego...

Henio (*wyprowadzany przez siostrę, zanosi się płaczem, powtarzając w kółko*)**:** Oczywiście, cyrkiel i chore kolana, tak, tak, cyrkiel...

AUDYCJA
N O C N A
DO SŁUCHANIA PRZY LATARCE

08

SPOSTRZEŻENIA PANA HENIA

Henio: Panie doktorze, po ostatniej punkcji czuję się tak dobrze, że na pewno pan mnie wreszcie puści do domu.

Dr Wycior: Zobaczymy, panie Heniu, zobaczymy. Najpierw jak zwykle mały teścik, żebyśmy się obaj upewnili...

Henio: Co mam robić, żeby się upewnić?!

Dr Wycior: Niech pan się skupi. Będę panu pokazywał różne przedmioty, a pan mi ładnie powie, co to za przedmioty.

Henio: Jakie przedmioty?

Dr Wycior: No właśnie, nie mogę panu powiedzieć jakie, bo wtedy test będzie bez sensu, rozumie pan?

Henio: Nie bardzo, jakoś pan tak zawile mówi... Co pan mi w końcu pokaże, bo już sam nie wiem.

Dr Wycior: Przecież mówię wyraźnie: różne przedmioty!

Henio: Ale po co pan mi je pokaże, skoro ja nie wiem, co to za przedmioty?

Dr Wycior: Nie wiadomo, może akurat pan wie...

Henio: Jeżeli wiem, to po co ten cały zasmarkany test?

Dr Wycior (*krzyczy*)**:** Ale JA nie wiem, czy pan wie!!

Henio: To po cholerę pan mi będzie pokazywał, jak pan nie wie, czy ja wiem?

Dr Wycior: Panie Heniu, zacznijmy, bo za chwilę wbrew etyce lekarskiej bardzo mocno pana uderzę! Co to jest?

Henio: Beret.

Dr Wycior: Dlaczego pan mówi, że to beret? Przecież to jest kieliszek. Pięćdziesiątka.

Henio: No tak, przecież widzę.

Dr Wycior: To dlaczego pan mówi, że to beret?

Henio: Bo chcę stąd wreszcie wyjść. A pan doktor ciągle powtarza, że mi się wszystko z wódką kojarzy i dlatego pan mnie nie puszcza do domu.

Dr Wycior: Ale to jest jednak kieliszek. Napije się pan?

Henio: Z beretu nie piję.

Dr Wycior: Obawiam się, że będzie pan musiał jeszcze tu z nami trochę zostać, panie Heniu.

Henio: Tak czułem, jak pan zaczął z tym beretem. Do widzenia, panie doktorze. I niech pan uważa, bo alkohol prędzej czy później pana wykończy.

WIADOMOŚCI. Z KRAJU

Będzin. Marian Pilarski z Będzina wynalazł drut bez drutu. Żona wynalazcy Maria Pilarska wniosła o rozwód.

Kura jest głupia

Hodowana
wyłącznie dla futra

Z pamiętnika doktora Wyciora

CZ. 5
i od razu
CZ. 6

6 listopada, poniedziałek

*Ten tydzień zaczął się parszywie. Tuż przed obchodem poślizną-
łem się na jakimś używanym waciku i wpadłem w szybkoschną-
cy gips. Zanim ten kretyn gipsiarz przestał się śmiać, wszystko
stwardniało. Siostra Maria podaje mi płyn fizjologiczny, żebym
nie umarł z głodu, i tlen przez wywierconą dziurkę, żebym się nie
udusił. Podobno jutro mają coś wymyślić.*

7 listopada, wtorek

*Wymyślili. Przyszedł ten cham z kotłowni z narzędziami i rozwa-
lił gips. Leżę teraz na szóstce z ogólnymi obrażeniami i wstrzą-
śnieniem mózgu. Doktor Maciszewska ma mi jutro zszyć mostek.
Jest mi niedobrze.*

+++

Sobota

*Jestem trochę niespokojny... Wczoraj zacząłem dość zawiłą
operację na panu Łukaszu spod siódemki. Nie zauważyliśmy
z siostrami, jak nam czas zleciał, i zrobiła się szesnasta, i koniec
roboty. Pan Łukasz został na stole do poniedziałku. Martwię się,
że będzie próbował sam się zaszyć.*

Poniedziałek

*Wszystko dobre, co się dobrze kończy. W czasie weekendu była
przerwa w dostawie prądu, urządzenia przestały działać i pan
Łukasz też. Dzisiaj miałem tylko dwa wyrostki. Dziwne, że u jednego pacjenta, niejakiego Buchacza Antoniego. Machnąłem szyb-
ciutko bez znieczulenia, potem herbatka u sióstr i poniedziałek
jakoś przeleciał.*

Wtorek

*Dzień zapowiadał się spokojnie. Zaraz po śniadaniu wpadłem
na świetny pomysł. Poprosiłem pana Jacka z kotłowni, żeby mi
przylutował igłę do strzykawki. Skończy się ten cholerny bałagan z jednorazówkami. Niestety, koło obiadu dyrektor admini-
stracyjny zrobił mi awanturę. Okazało się, że Buchacz Antoni to
był jego jakiś szwagier czy teść i bardzo był z nim zżyty. Te niby
dwa wyrostki to były jednak płuca, więc obiecałem je panu Bu-
chaczowi przywrócić.*

DORADZTWO INTYMNE

Dziś otrzymałem wyjątkowo dużo listów, więc przeczytam obydwa. Pisze do mnie Helena Straszna z Monachium:

„Sehr geehrter Doktor Gandalf. Ich bin krank und mein Mann ist krank und unsere Kinder sind krank und meine Mutter ist krank und mein Vater ist krank. Hilfe, Doktor Gandalf, Hilfe! Viele Grüssen und Kissen. Helena". Przykro mi, ale nie znam niemieckiego. *Tschüss!*

Przechodzę teraz do drugiego listu. Pisze Janusz z Małogoszczy. Pisze, że często jest mu smutno. Januszku! Rozumiem twój smutek, tym bardziej że dokładnie opisałeś okoliczności, w jakich robi ci się smutno. Może nie uwierzysz, ale mnie robi się smutno dokładnie w tych samych momentach co tobie. Myślę, że przede wszystkim powinniśmy się spotkać. Wtedy mógłbym ci dodatkowo wyjaśnić pewne szczegóły. A na razie garść pożytecznych rad: przede wszystkim używaj tylko swego ręcznika. Poza tym staraj się raczej zamykać drzwi, kiedy przychodzi do ciebie pan Jacek.

Ten prosty zabieg nie pozwoli twojemu sublokatorowi na robienie zdjęć. Tym samym nie będziesz musiał ich później kupować od tego pana albo, co gorsza, oglądać w gazetce zakładowej. Dzięki temu będzie ci dużo mniej smutno. I jeszcze jedno, zgadzam się z tobą, że trudno teraz o kabaretki ze szwem w większych rozmiarach. Cóż, takie czasy.

TWÓJ GANDALF

Słoń potrafi wyczuć pieczarkę na odległość 40 kilometrów

Na fotografii słoń w odległości 85 km od pieczarki.

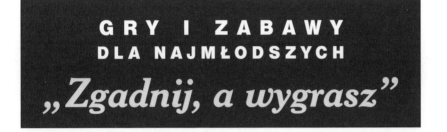

GRY I ZABAWY
DLA NAJMŁODSZYCH
„Zgadnij, a wygrasz"

W zabawie może brać udział dowolna liczba dzieci, jedynym warunkiem jest to, żeby wszystkie były zakatarzone. Gramy w pomieszczeniach zamkniętych, tak aby możliwe było nagłe wyciemnienie. Jeżeli gramy na wolnym powietrzu, należy pamiętać o tym, żeby było ciemno. W tej sytuacji łatwo włączać lub wyłączać sztuczne oświetlenie, takie jak na przykład lampki.

A oto przebieg zabawy: dzieci stają wokół stołu, na którym jest tyle kubeczków, ile dzieci. (Dzieci mogą też siedzieć, ale wówczas potrzebne są krzesełka). Każdy kubeczek oznaczony jest symbolem przypisanym konkretnemu dziecku, na przykład misiu. (Symbole można wykonać samodzielnie albo zamówić w fabryce). Na znak dany chusteczką dzieci wypróżniają noski do kubeczków. Wybrana wcześniej osoba, może być nią opiekun grupy, wyłącza światło.

Dzieci wymieniają się kubeczkami. Następnie na hasło, na przykład „już", próbują na różne sposoby odnaleźć zawartość swojego kubeczka, najlepiej razem z kubeczkiem. Dziecko, które pierwsze odnajdzie swoje „glutki", wygrywa. Specjalne wyróżnienie przyznajemy tym uczestnikom zabawy, którzy prawidłowo rozpoznali „glutki" innego gracza. Mogą w nagrodę w następnej rundzie gasić światło. Wesołej zabawy!

Wybrane fragmenty dzienników na temat państwa Koźlików

Wieczór, dzień coraz krótszy

Spotkałem inżyniera Koźlika na klatce schodowej, zaraz obok zsypu na śmieci. O dziwo, nie miał ani kubła, ani zmiotki czy nawet plastikowej torebki z rzeczami do wyrzucenia. Poza tym, ku mojemu zaskoczeniu, nie stał, ale raczej kucał w ciemnym kąciku. Na mój widok wcisnął się jeszcze bardziej w ścianę, jakby chciał się zlać w jedno z siną płaszczyzną lamperii. Zapytałem ostrożnie, czy dobrze się czuje. Odpowiedział, że nie. A nawet bardzo nie. Mimo wyraźnego zalęknienia widocznego w oczach inżyniera kontynuowałem rozmowę, szukając przyczyn jego dziwnego stanu. Po kilkunastokrotnym wzbudzeniu automatu dozującego skąpe oświetlenie schodów udało mi się z grubsza zorientować, dlaczego Koźlik znajduje się w stanie całkowitego roztrzęsienia i zaszczucia. Otóż wszystko to za sprawą małżonki inżyniera. W wyniku sprzeczki, niewinnie zaczętej kontrowersją na temat smaku przygotowanej przez panią Koźlikową pomidorowej, żona inżyniera doszła w nerwach do tego, że obiecała mu, że go zwyczajnie wykończy. Wykorzystując fakt, że mąż urodził się we wczesnych latach pięćdziesiątych ubiegłego wieku, napisała na niego donos, w którym informuje odnośne władze, że w wiadomym okresie był on prawdopodobnie współpracownikiem Stasi, gdyż po nocy słuchał radia, a w soboty pijał piwo. Mimo kompletnej głupoty donosu inżynier Koźlik postanowił się na wszelki wypadek ukrywać. „Jakieś czasy takie się porobiły, że ludzie i w takie androny potrafią uwierzyć, a ja nie mam nic na swoje usprawiedliwienie, bo faktycznie mam tyle lat, na ile wyglądam. A do tego są świadkowie pamiętający, że podobały mi się niektóre lekkoatletki z NRD, więc już całkiem mam przerąbane. Pan mi czasem przyniesie jakąś bułkę, jak nikogo nie będzie na klatce?"

Kilka dni po tamtej sprawie ze Stasi

Inżynier ostatecznie wyszedł z ukrycia koło zsypu, ale powiedzmy sobie otwarcie, jest on nadal w nie najlepszej formie. Przestał podlewać swoje ukochane kaktusy, na uprzejme powitanie sąsiadki, wdowy Maciaszkowej, odburknął: „Spieprzaj, dziadu". Zapchał zsyp, przez cały wtorek smażył cebulę przy uchylonych drzwiach mieszkania, ale kulminacja nastąpiła dopiero w sobotę. W sobotę Koźlik nadpalił plastikowe przyciski w windzie, a następnie zostawił dźwig z otwartymi drzwiami na najwyższym piętrze.

Zaprosiłem wczoraj inżyniera na herbatę i wprost zapytałem, co się z nim dzieje. Początkowo trochę kręcił, ale w końcu, po czwartej herbacie, trochę się rozkrochmalił i przyznał, że jest w dużym dołku. Otóż podczas chwilowej nieobecności żony inżynier poznał na poczcie pewną Wandę, która „pierw zachęcała go do różnych rzeczy, potem zawróciła mu w głowie, a następnie odepchnęła, śmiejąc się szyderczo i złowrogo". I to wszystko w ciągu dwóch godzin, bo o trzynastej żona inżyniera wróciła z Milanówka. A do tego musiała wejść po schodach, bo przez te drzwi nie dało się wezwać windy. I w domu było piekło, tym bardziej że ta Wanda używała bardzo mocnych perfum, nie do wywietrzenia przez jeden dzień.

Kilka dni po tamtej sprawie z Wandą

Zajrzał do mnie z rana inżynier Koźlik. Niewyspany, rozziewany, ale i dziwnie rozemocjonowany. Zapytany o przyczyny swego nietypowego jak na tak wczesną porę stanu, powiedział, że całą noc spędził na rozmowie z żoną. Po swojej krótkiej, ale intensywnej przygodzie z Wandą z poczty poczuł silne wyrzuty sumienia. Postanowił odtworzyć związki z małżonką i w tym celu zorganizował wieczór pojednania. Ładnie nakrył stół ceratą, kupił dwa goździki (symbolizujące ich dwoje z małżonką), do tego pudełko pralin, otworzył wino stołowe bardzo słodkie i wyciągnął z pawlacza kartonowe pudło ze starymi pocztówkami dźwiękowymi. Po uruchomieniu wysłużonej karolinki (gramofon ze wzmacniaczem produkcji krajowej, o mocy dochodzącej do 2 W) zagłębili się we wspomnieniach.

Żona inżyniera szczególnie emocjonalnie reagowała na wolniejsze kawałki, a przy jednym wręcz rozszlochała się, rozlewając wino na ceratę. Wszystko było na najlepszej drodze do wzajemnego pogodzenia się, gdy nagle inżynier ponownie popadł w poważny konflikt ze swoją żoną. Zaczęło się niewinnie, od planowania uroczystego obiadu pojednawczego na następny dzień. A dokładnie: od rozmowy na temat zupy kalafiorowej, której Koźlik nie lubi, a jego żona uważa za dużo zdrowszą i pożywniejszą od fasolowej, którą z kolei inżynier ceni wyżej. Po kwadransie sprawa zupy i obiadu poszła w zapomnienie, a pani Koźlikowa, dokończywszy wino, pakowała się i szykowała dzieci do wyjazdu, kto wie, może i na stałe. Inżynier nawet pogodził się z utratą żony i nawet zaczął szukać numeru Wandy z poczty, ale żal mu się zrobiło dzieci i podjął próbę mediacji. I tu nastąpiło coś absolutnie niespodziewanego! Pani Koźlikowa, jakby trochę oszołomiona winem, krzyknęła: „A niech będzie fasolowa, stary capie!", w mgnieniu oka uruchomiła ponownie gramofon, wybrała z pudła pocztówkę dźwiękową z napisem „Świeradów-Zdrój", wskoczyła na stół i metodą zbliżoną do karaoke wykonała pieśń dyskotekową w obcym języku, bezustannie patrząc drwiąco inżynierowi w oczy. Po czym powiedziała zadziwiająco wyraźnie: „Na razie zostaję. Zrobię ci nawet tę fasolową, a z dziećmi wyjadę, ale wtedy, kiedy najmniej się tego będziesz spodziewał". I zaśmiała się demonicznie.

Wtorek, silny wiatr, powietrze polarnomorskie
Kilka dni bawiła przejazdem u państwa Koźlików ich późnonastoletnia kuzynka Sławka z Włocławka. Tak się jednocześnie złożyło, że brat teścia inżyniera Koźlika miał urodziny i postanowił wyprawić przyjęcie u inżyniera. Mieszkanie brata teścia było bowiem nieużyteczne z uwagi na zalanie salonu przez mieszkającą piętro wyżej emerytkę Zofię Kufel, która zasnęła w wannie w trakcie dolewania wody. Krótko mówiąc, wyborna zabawa odbyła się po sąsiedzku. Pewnym zgrzytem była jedynie wypowiedź wspomnianej kuzynki Sławki, która gdzieś tak w połowie imprezy, już podczas tańców indywidualnych, powiedziała: „Te wasze stare płyty to niezłe badziewie. Ani bitów porządnych, ani czadu, a i pewnie teksty o miłości dla starych, bo do rymu. Taka muzealna muza". Oburzony inżynier ofuknął przemądrzałą pannicę, mówiąc, że zanim się skrytykuje, to trzeba coś samemu umieć. Niestety dla inżyniera, okazało się, że Sławka studiuje muzykologię i filologię, i coś tam jeszcze. Ze słowami: „Niech kuzyn zobaczy, o czym można śpiewać", wręczyła panu Koźlikowi książkę o bardzo długim, obcojęzycznym tytule. Jako że mimo imponującego wykształcenia politechnicznego inżynier w żadnym stopniu nie jest poliglotą, pewnie nigdy nie dowiedziałyby się, co dostał w prezencie, gdyby nie przyszedł do mnie z rzeczoną książką z prośbą o przetłumaczenie tytułu. A brzmiał on: *The Presence of Birds, Amphibians, and Mammals (Marsupials and Placentals) in English Language Song Lyrics – A Comprehensive Study.* Tytuł był długi i trudny, więc poprosiłem inżyniera, żeby zostawił książkę i wpadł nazajutrz. Następnego dnia byłem już gotów z tłumaczeniem. Inżynier z namysłem odczytał polską wersję: *Obecność ptaków, gadów, płazów i ssaków (torbaczy i łożyskowców) w anglojęzycznych tekstach piosenek – opracowanie kompleksowe.* „Aha" – powiedział i wyszedł, zostawiając na stole swój prezent.

MAKABRYCZNE KNOWANIA ŻELAZNEGO KARŁA

elazny karzeł imieniem Wasyl postanowił zabić panią Mączyńską. Spotkał się w swojej ponurej norze z dwójką przyjaciół – Krzywym Wilkiem i wiewiórką Łysą Skórką – aby omówić kwestię zabójstwa. Pani Mączyńska, deputowana do Bundestagu w latach 1904–1910, wydawała się obiektem wymarzonym, przede wszystkim z uwagi na jej obecne prace. Otóż w czynie społecznym budowała ona szosę, która miała połączyć jedyną w lesie budkę telefoniczną z pocztą.

Obecnie pani Mączyńska znajdowała się na etapie utwardzania odcinka przebiegającego przez mokradła. Wasyl obliczył, że wystarczy parokrotnie przejechać Mączyńską walcem drogowym i będzie po wszystkim. Wiewiórka Łysa Skórka zaoponowała, twierdząc, że społecznica może przykleić się do walca jako takiego i będzie sporo roboty ze skrobaniem i czyszczeniem. Krzywy Wilk proponował owinięcie byłej deputowanej drutem miedzianym pod wysokim napięciem i zrobienie z niej elektromagnesu. Wystarczyło jednak, by Wasyl chrząknął znacząco, a Wilk natychmiast poniechał wszelkich pomysłów związanych z przyciąganiem metali – wszak Wasyl był karłem żelaznym, niezwykle podatnym na magnetyczność. W coraz bardziej gęstniejącej atmosferze odpadały kolejne pomysły: dekapitacja drzwiczkami taksówki marki Wołga, zalanie ciekłym azotem, podanie zatrutego strogonowa z żołądków.

Po tej ostatniej propozycji Wasyl dość silnie uderzył wiadrem wiewiórkę, która podała tę propozycję, wszyscy wszak wiedzieli, że Mączyńska była w swoim czasie bufetową na stacji i że to właśnie za jej sprawą pociągi przestały tam się w ogóle zatrzymywać. Specjalnością owego bufetu był właśnie strogonow z żołądków. Trójka konspiratorów spojrzała na siebie w przygnębieniu. Wiewiórka przykrywała wstydliwie futerkiem miejsce, w które trafił ją wiadrem Wasyl.

Cisza była nie do wytrzymania. Przerwał ją wreszcie zdesperowany głos żelaznego karła: „Trudno! W tym sezonie nie zabijemy jeszcze Mączyńskiej. Wobec tego będę zmuszony znowu zaprosić ją na urodziny. Zastanówmy się w takim razie, co należałoby zrobić na przykład z kretem Beretem, bocianem Iwanem albo chociaż z Łosiem z Dużym Nosem. Wiecie doskonale, że jak wszyscy przyjdą, to będzie okropnie ciasno".

MGR CZUPURNY RADZI

Nie bardzo wiem, jak mam dzisiaj zacząć, bo mi trochę głupio. Przyszedł list taki jakby bezradny. A mnie ciężko się w niektórych sprawach wypowiedzieć, bo myślałem, że to i owo to już wiecie. A tu nagle takie kwiaty. No bo na przykład Lucyna z Białogardu pisze, że jej chłopak Wiesiek dał jej słowo, że z całowania to nic złego nie będzie. I ona zgodziła się uczcić rocznicę urodzin prezydenta Kwaśniewskiego w Wieśka domku na działce. No i było wino i tort i śpiewali *Hapi birdej*, i w końcu się całowali, a że to listopad, to było zimno, więc się całowali jeszcze bardziej, i w końcu z tego mrozu jeszcze trochę się całowali. A teraz minęło prawie pięć miesięcy i doktor, co do niego poszła, mówi, że ładnego, zdrowego chłopaka urodzi. To ja zapytałem, czy ona na pewno się z tym Wieśkiem tylko całowała. I Lucyna mi odpisała, że było zimno i Wiesiek mówił, że z całowania nic nie będzie, i się całowali, a co on tam jeszcze robił, to ona niedokładnie pamięta, bo było zimno i się całowali. I ona się na tym całowaniu koncentrowała, żeby nic z tego złego nie wyszło. I teraz, jak Wiesiek jest w wojsku, to ona chce napisać do prezydenta, żeby coś z tym zrobił. I wiesz co, Lucyna? Dobry pomysł. Przecież to jego były urodziny, a nie moje. Przy okazji pozdrów Wieśka i napisz mu, że miał rację – to na pewno nie z całowania. Zuch Wiesiek.

NUMER
WALENTYNKOWY

09

DORADZTWO
INTYMNE

Przepraszam, że się troszeczkę może spóźniłem, ale musiałem odebrać z poczty paczuszkę od mojego stałego korespondenta. Bezduszna urzędniczka na poczcie – że też te babsztyle nie mają za grosz delikatności! – kazała mi zetrzeć maseczkę nawilżającą z twarzy, żeby sprawdzić, czy to na pewno moje zdjęcie jest w dowodzie. Babsztyl zazdrosny. Cerę i tak mam lepszą od niej.

No, ale już jestem i zabieram się do korespondencji. Tu coś mamy od Janka z Koźla. O, kurczę pieczone, to nie od Janka, ale od Janki. Niech już będzie, skoro otworzyłem...

Co my tu mamy? „Drogi Gandalfie! Zawsze mnie wzrusza Twoja dobroć dla ludzi. Myślę, że i mnie mógłbyś pomóc... Otóż zauważyłam, że rośnie mi taki puszek w miejscach zaznaczonych na załączonym zdjęciu. Nie wiem, czy to groźne, czy można to bezpiecznie wyrwać?"

Droga Janko, wszystko jest w najlepszym porządku. Na twoje zdjęcie nanoszę jeszcze parę rzeczy, które wkrótce powinny się pojawić, o, tu i tu, no, to może nawet będzie trochę większe. A jak już będzie komplet tych zmian, to koniecznie skontaktuj się ze mną ponownie, bo zapowiada się świetna zabawa.

I drugi list, od razu widać, że od chłopca – śmiałe, równe litery.

„Drogi Gandalfie! Jestem młodym sportowcem, zapaśnikiem. Od pewnego czasu trener nie wystawia mnie w reprezentacji, gdyż twierdzi, że dziwnie walczę. A mnie w zasadzie walka jako taka nie bardzo interesuje. Owszem, lubię ten bezpośredni kontakt z przeciwnikiem, ale nie ma we mnie sportowej złości. Ot, czasem go jakoś tak ścisnę po koleżeńsku, bywa, że szepnę coś zabawnego, i tyle. Chcą mnie przenieść do grupy rezerwowych. Co robić?"

Nic, mój drogi! Twój trener to gruboskórny człowiek. Ja też kiedyś nie wiedziałem, co robić, ale spotkałem mądrego starszego pana, któremu pożyczyłem, już nie pamiętam, chyba talk na odparzenia, i tak zaczęła się nasza dojrzała przyjaźń. Prześlę ci kontakt do niego. Jestem pewien, że ci pomoże. W ramach dawnej zażyłości przekazujemy sobie młodych potrzebujących pomocy, zapewniam cię, z doskonałym skutkiem.

GANDALF

KONKURS! WYSYŁAMY SMS ZE ZDJĘCIEM KOTA I Z DOPISKIEM „TO NIE MÓJ PIES". NAGRODA GŁÓWNA: CZAPKA Z BOBRA NA BATERIE.

DORADZTWO INTYMNE

Tu Gandalf! Piszecie, kochani, i piszecie tu do mnie. Tyle roboty, że aż musiałem zaangażować sobie asystenta po godzinach. Bardzo fajny chłopak – Wiesiek. Kwalifikujemy z nim listy i potem sortujemy. Jakeśmy wczoraj się wzięli z Wieśkiem do kwalifikowania, to aż biurko trzeszczało. Dzisiaj mamy z kolei z Wieśkiem sortować. Nie mogę się doczekać... No, ale do rzeczy, do rzeczy... O, a to co tutaj robi? Ha, czyżby Wiesiek to zostawił? Ale żeby tak na widoku? No nic, na wszelki wypadek wytrę... A więc do rzeczy. Pisze do mnie zmartwiony Jacek:

„Drogi Gandalfie! Mam trudną sprawę i dlatego zwracam się do Ciebie. Fakty są takie: pan Wiktor, ten od wuefu, daje mi korepetycje z gimnastyki. Przychodzi wieczorem, przebieramy się w kostiumy i ćwiczymy. Najczęściej robimy z panem Wiktorem tak zwanego słonia i szukanie grzybków. Minęło już pół roku, jak ćwiczymy, i wydaje mi się, że już sporo umiem, ale pan Wiktor mówi, że z zaliczenia roku będą nici, jeśli nie opanuję jeszcze »wiatraka« i »parowozu«. Martwi mnie także to, że na lekcjach z chłopakami robimy zupełnie inne ćwiczenia. Nie wiem, co myśleć, bardzo nie chciałbym powtarzać klasy. Załączam szkice naszych ćwiczeń. Smutny Jacek".

Drogi Jacku! Już pobieżny rzut oka na twoje ryciny pozwala mieć pewność, że twój pan od wuefu to świetny fachowiec. Szczególnie zaciekawił mnie „słoń". Więc nie obawiaj się niczego i korzystaj, póki możesz. A swoją drogą, i mnie przydałoby się trochę ruchu. Jeśli podasz mi adres pana Wiktora, to chętnie z nim poćwiczę. Serdecznie was, wisusy, pozdrawiam. Mam nadzieję, że wkrótce się spotkamy na zajęciach.

WASZ GANDALF

DORADZTWO INTYMNE

Tu Gandalf, przepraszam wszystkich, że tak siedzę, ale dopiero co zakończyłem poradnictwo osobiste i nie spodziewałem się, że tak szybko znajdę się na antenie. Ale nic, już wszystko jest jak należy, a, jeszcze tylko to wyrzucimy, bo już niepotrzebne... A więc do rzeczy: zacznijmy może od tej paczuszki z dołączonym bilecikiem. Pisze Antek z Cieszyna:

„Drogi Gandalfie, jesteś moją ostatnią deską ratunku. Straciłem z oczu bliską mi osobę i koniecznie muszę ją odnaleźć. Oczywiście wchodzi w grę całkowita dyskrecja, więc przesyłam Ci w zaufaniu jedyną rzecz, jaka mi po tej osobie pozostała. Czy na tej podstawie można podjąć poszukiwania? Nie znam ani nazwiska, ani innych danych".

No cóż, obawiam się, że to nie będzie łatwe... Tym bardziej że to, co mi, Antku, przysłałeś, nie jest niczym oryginalnym i może należeć niemal do każdego, prawda? Choć nie, zaczekaj! Mam dla ciebie dobrą nowinę: sądzę, że osobę, o którą ci chodzi, będziesz mógł rozpoznać właśnie po braku tego, co mi przysłałeś. Tak, to dobry trop. Życzę powodzenia.

I jeszcze krótka odpowiedź dla Henryka z czeskiego Cieszyna.

Rozumiem twój problem – na razie proponuję środki dezynfekujące i plastry. Z czasem należy rozejrzeć się za dobrym specjalistą. Co do powrotu do polskiego Cieszyna – na twoim miejscu na razie bym się wstrzymał.

TWÓJ GANDALF

Całodobową zabawę
z ciastem
i tymbalikami z karpia
proponuje
dyplomowany mistrz gastronomii
Edward Kurzeja-Mateczka.

Uwaga! Przynosimy własne widelce!

DORADZTWO INTYMNE

Tu Gandalf. Moi drodzy, jestem dziś wyjątkowo niedysponowany. Miałem przykrą przygodę, w której efekcie zostałem nieco poturbowany przez braci pewnego Waldka, który okazał się chłopcem słabego ducha, a do tego skarżypytą. Cóż, człowiek uczy się całe życie. Ale muszę trwać na swoim posterunku, gdyż wiem, że jestem wam, chłopcy, potrzebny. A oto i list, który już od paru chwil przyciąga moją uwagę. Kreślony jest zgrabnym męskim charakterem pisma, ale sposób, w jaki autor pochyla literę „d", wskazuje na silne wzburzenie:

„Drogi Gandalfie, widziałem przez podwórko, co Ci zrobili niewychowani bracia Waldka. To gbury i nieuki. Wiem, bo sam jakiś czas temu miałem z Waldkiem przelotny, ale jednak kontakt. Dzisiaj już wiem, że trzeba rozważniej dobierać kolegów. Ale ja nie o tym. Mam pewien problem, którym chciałbym się z Tobą, Gandalfie, podzielić i poszukać Twojej mądrej rady. Ale listownie jakoś nie mam śmiałości. Nie mam też braci. Podaję adres... Gdyby Ci otworzył kolega, który czasem przychodzi pomóc mi w pastowaniu, to po prostu powiedz, że chodzi o mnie. Twój Jerzyk".

Kochani! Mimo że jestem nieco obolały, muszę spieszyć z pomocą, bo takie jest moje posłannictwo. Jerzyku! Nie ruszaj się z domu. Zapukam raz długo i trzy razy krótko. Gdybyś nie ty otworzył, to od razu mów. Muszę już zmykać, do usłyszenia! Aha! Zanim pobiegnę do Jerzyka, jeszcze zaległa odpowiedź dla zmartwionego Teodora: w sytuacji, którą opisałeś, pogrzebacz był zupełnie nie na miejscu. To przecież ostre i twarde narzędzie. Proponuję całą rzecz puścić w niepamięć, a rozprucia zaszyć, ewentualnie zalać jodyną.

GANDALF

ŻELAZNY KARZEŁ OTRZYMUJE LIST

elazny karzeł imieniem Wasyl siedział przed swoją norą i dłubał pogrzebaczem w zębach. Wtem usłyszał jakiś hałas i obejrzał się gwałtownie. Zobaczył leśnego listonosza Borsuka Borysa, pędzącego na malutkim rowerku. Należy tu dodać, że Borsuk był kretem, tylko na nazwisko miał Borsuk, a na imię Borys. Pędził więc kret Borsuk, najwyraźniej kierując się w stronę Wasyla. Gdy już się zbliżył, wyciągnął z kaptura pomiętą kopertę i powiedział: „Polecony do ciebie, zardzewiały saganie", i uciekł.

Karzeł rzucił za nim pogrzebaczem tak szczęśliwie, że zabił go na miejscu. Następnie rozerwał nerwowo kopertę i oto co przeczytał: „Drogi Wasylu! Musiałam do Ciebie napisać, gdyż nie mogę dłużej ukrywać swojego uczucia. Jestem karlicą z blachy nierdzewnej obustronnie nitowanej i pałam do Ciebie miłością tak ogromną, że mi się cewki grzeją na samą myśl o Tobie. Jestem gotowa iść dla Ciebie na poniewierkę, a nawet oddać Ci cały swój zapas towotu. Jestem Twoja od chwili, kiedy Cię ujrzałam. Jeśli czujesz, że chciałbyś mieć we mnie towarzyszkę doli i niedoli, przyjdź pod mój domek przy ulicy Tablicy Mendelejewa 7. Twoja Zofia Majerczyk".

Wasyl, wstrząśnięty temperaturą wyznanych mu uczuć, jak stał, tak popędził na Tablicy Mendelejewa 7. Wrócił już po kwadransie i rozłupał sobie głowę sztabą żeliwną, a następnie strzelił do siebie z RGPEPANCA.

Zofia Majerczyk, jak się okazało, była po raz trzeci w ciąży ze swoim mężem Otyłkiem Wacławem, księgowym w pobliskiej spółdzielni Tęcza. List, który Wasyl otrzymał, napisany był przed czternastu laty i wysłany jako ekspres polecony. Doręczający go kret Borsuk nie był niestety szybkim listonoszem. Jednak nie ma tego złego, co by na dobre nie wyszło. Wasyl pośmiertnie został obdarzony tytułem Honorowego Leśnego Kuriera Przesyłkowego, gdyż dzięki zabójstwu Borsuka poczta leśna zaczęła dochodzić dużo szybciej. A Zofia Majerczyk, profilaktycznie pobita przez męża, urodziła pięknego, zdrowego, błyszczącego chromem Otyłka juniora III.

DORADZTWO INTYMNE

Tu Gandalf. Witam wszystkich moich wiernych słuchaczy i przepraszam od razu, że jestem taki potargany. Spiesząc do studia, trochę na odwrót włożyłem bieliznę i musiałem ją po drodze przekładać, żeby wszystko było jak należy. Wiózł mnie w koszu swego motocykla Janusz B., a jak wiadomo, w takim koszu jest dość ciasno, więc musieliśmy parę razy się zatrzymać. No, ale nic to. Jestem i przystępuję do lektury listów. Oho! Już widzę zgrabną kopertę zaadresowaną rasowym, kształtnym pismem – to na pewno od chłopaka. Tak jest! Pisze do mnie Zygmunt z Iławy:

„Drogi Gandalfie. Słucham Twych audycji z zapartym tchem, bo od dawna już czuję, że Ty jeden mógłbyś mnie zrozumieć i odpowiednio mi doradzić. Otóż wyobraź sobie, Gandalfie, że kilka miesięcy temu poznałem uroczego szpakowatego starszego pana, który powiedział, że chce się mną zaopiekować i kształcić mnie na własny koszt, ponieważ nigdy nie miał dzieci i chce traktować mnie jak syna.

Po kilku uroczo wspólnie spędzonych tygodniach pan Robert, bo takie imię nosi mój dobroczyńca, przyprowadził na kolację młodą pannę, notabene Zofię C., i niedwuznacznie dał mi do zrozumienia, że chętnie by nas wyswatał. To było bardzo niespodziewane i nie waham się powiedzieć, wstrętne. Co robić?".

No cóż, znane są przypadki wabienia młodych chłopców w ramiona bab pod pozorem męskiej przyjaźni. Pan Robert to farbowany lis, od którego musisz uciekać. Może na przykład wpadłbyś do mnie? Tu ci żadne kobieciska nie grożą, Zygmuncie. A i powozimy się razem w koszu motocykla Janusza B. Bywaj i szybko przyjeżdżaj!

TWÓJ GANDALF

ZABAWNA POMYŁKA

10

(HA, HA, HA)

Z pamiętnika doktora Wyciora | CZ. 8

Wtorek

Po kontroli duże zmiany na wydziale. Komisja diagnostyczna zakwestionowała moje oceny i przekwalifikowała wszystkich moich nerwicowców na zawałowców. Broniłem się, mówiąc, że wszyscy byli zdenerwowani po przywiezieniu do szpitala, ale docent Krasny poprosił, żebym wyszedł. Będę chyba teraz na bloku operacyjnym.

Czwartek

Od wczoraj na operacyjnym i od razu spory problem moralny. Mam wrażenie, że w szeregi pielęgniarek wkradła się nadmierna dewocja.

Podczas moich wczorajszych i dzisiejszych operacji pomagające mi siostry wciąż powtarzały „Jezus Maria" i „Józefie święty". Nie wiem, jak reagować.

Przecież nie będę klękał w czasie zabiegu.

Piątek

Przyzwyczaiłem się już do tej pobożności pielęgniarek, chociaż do „Jezus Maria" i „Józefie święty" siostra przełożona dodała jeszcze dzisiaj „Chryste Panie!", zaraz po tym jak laborant Wcisło zemdlał już po pierwszym moim nacięciu. Oczywiście prędko się zorientowałem, że to nie on jest pacjentem, ale też po co pcha się pod nóż.

Z pamiętnika
doktora Wyciora | CZ. 7

Wtorek

Od rana pech. Ordynator zrobił mi awanturę przy wszystkich, ponieważ przyłapał mnie, kiedy dawałem się zaciągnąć papierosem sztucznemu płucu. Chciałem sprawdzić, czy będzie kaszleć. Okazało się, że płuco nic, w zupełnym porządku, ale podłączony do niego pan Korytko nie bardzo.

Czwartek

W dalszym ciągu pechowa passa. Siostra Narcyza kichnęła i potrąciła mnie podczas operacji, a ja akurat zerknąłem na siostrę Renatę. Wszystko stało się bardzo szybko. Rodzina pana Korytki, który był wtedy na stole, chce mnie skarżyć za to, że mu przyszyłem butlę z tlenem do pleców. Tłumaczę im, że dodatkowa dawka tlenu może mu się przydać w czasie nagłego wysiłku w toalecie albo gdzie indziej, ale ci Korytkowie to jacyś niesympatyczni ludzie.

WAKACYJNY
PRZEKŁADANIEC
11

WASYL KUŚNIERZEM

Żelazny karzeł imieniem Wasyl postanowił zostać kuśnierzem. Leżał na swoim legowisku ze starych lodówek i myślał: „Mieszkam przecież w lesie, w którym jest dużo zwierząt. Większość zwierząt ma futro. Mogę to przecież wykorzystać, a zdobyte skórki sprzedać w formie eleganckich strojów".

Zadowolony ze swego planu, wstał z posłania, nasmarował się towotem, palnikiem wyczyścił zęby i uczesał się grabiami. Do sakwy wrzucił kilka podstawowych narzędzi i ruszył w las. Pierwszym stworzeniem, jakie spotkał, była wiewiórka Łysa Skórka. „No, no – pomyślał Wasyl – nie jest to może materiał na etolę, ale warto by się zacząć wprawiać". Po wesołym powitaniu z Łysą Skórką Wasyl na chwilę odwrócił jej uwagę okrzykiem: „O, ptak!".

Kiedy zdziwiona wiewiórka rozglądała się, Wasyl zarzucił jej na głowę kawałek szmaty i szybko uderzył kilkakrotnie imadłem między uszka. Zwykle ruchliwa wiewiórka bardzo się uspokoiła, więc Wasyl przystąpił do pracy. Już po kilku chwilach trzymał w żelaznej dłoni małe rudawe futerko. „Ee, dużo to tego nie ma, wystarczy najwyżej na bardzo małą czapeczkę – zmartwił się żelazny karzeł. – Ale od czegoś trzeba zacząć. Teraz pójdę i trzepnę w łeb Samiczkę Lisiczkę. Będzie pod kolor". Nie zdążył jednak dokończyć myśli, gdyż otumaniło go straszliwe uderzenie w czoło. Jak we śnie czuł Wasyl, że jakaś straszna siła wygina go, walcuje i przekuwa. Zaczął stopniowo tracić przytomność. W ostatnim przebłysku świadomości usłyszał głos swego przyjaciela, ogromnego niedźwiedzia Stefana: „Wstałem rano i postanowiłem zostać ślusarzem. Na początek zrobiłem z Wasyla wiadro. Chodź, wiewiórko, teraz nanosimy wszystkim wody Wasylem. Tylko lepiej coś na siebie narzuć, bo jest dość chłodno".

MGR CZUPURNY RADZI

Podczas naszego dzisiejszego spotkania chciałbym zająć się listem Jarka z Kujaw. Jarek pisze, że jego wielkie uczucie zabarwione jest ostatnio goryczą, a to za sprawą narzeczonej Jarka Wiesławy P. z domu Parkan. Wiesława otóż po wyznaniu Jarkowi uczucia zaczęła stawiać warunki. Tak długo, jak długo chodziło o niewielkie świadczenia na jej rzecz, jak to między zakochanymi, Jarek z przyjemnością spełniał jej zachcianki. A to mieszkanie na niewysokim piętrze, a to złoty widelec, a to dwumiesięczne wczasy w pensjonacie państwa Niemczyckich.

Z czasem jednak Jarek pomyślał, że coś dziwnego dzieje się z jego związkiem, gdyż na wczasy z Wiesławą nie pojechał ani do nowego mieszkania się z nią nie wprowadził. Zamiast Jarka wszędzie towarzyszył jej niejaki Piguła, czasem zwany Pustakiem. Choć cała ulica znała Pustaka jako nicponia i awanturnika, Wiesława twierdziła, że jest on jej zaginionym i następnie cudownie odnalezionym bratem. I to Jarek jakoś wytrzymał, jak pisze w liście, ale kiedy Piguła *vel* Pustak zażądał motocykla, kompletnego stroju skórzanego i karty kredytowej, skończyła się jego cierpliwość. Przestał się do Piguły odzywać, a tamten po lekkim pobiciu zamknął Wiesławę w garażu i Jarek już jej nie widuje. Zdesperowany chłopak pyta, co robić, bo bardzo tęskni za dzikim uściskiem ukochanej, kiedy drze na nim gołymi rękami płaszcz przeciwdeszczowy.

Odpowiadam: jedyną chyba radą jest przeproszenie się z Pustakiem i spełnianie jego próśb. Wówczas kontakty z Wiesławą Parkan mogą znowu być osobiste, co brzmi niezwykle atrakcyjnie. Ciekawe, co ona robi z takimi plastikowymi kapturami od deszczu? Gdybyś, Jarku, mógł mi to opisać, byłbym zobowiązany.

PRZEBIEGŁY PLAN WASYLA

elazny karzeł imieniem Wasyl siedział w swojej norze przy łuczywie zrobionym z ogona wiewiórki Łysej Skórki i z markotną miną przeglądał swój dzienniczek. „Środa piętnastego – czytał. – Sikorka Ernestyna wskazała mi zły kierunek domowej świetlicy i nie tylko nie zdążyłem na tańce, ale wpadłem we wnyki zastawione przez kłusownika Eryka i poharatałem sobie spodnie na spawach.

Piątek: na pytanie, czy pójdzie ze mną na grzyby, Czarna Gąsienica naplułą mi na bluzkę.

Poniedziałek: złapałem bobra Ignacego na gorącym uczynku – pisał mi na drzwiach. Napis był niedokończony i brzmiał: »Wasyl jest blaszany ciul«. Nie wiem, co to znaczy, ale chyba coś przykrego”.

Kolejne zapiski niewiele różniły się od siebie. Wasyl westchnął i powiedział do siebie: „Nie ma co, wygląda na to, że tracę popularność. Trzeba temu zaradzić”. Podniósł się z ławy, nadepnął ślimaka Kornackiego, który właśnie przyniósł mu bieliznę z magla, i wyszedł na polanę. Postanowił odwiedzić lokalnego mędrca, pustelnika Dzikiego Jamnika.

Kiedy dotarł do samotni starca, zapukał i wszedł do izby. Wyłuszczył Jamnikowi swoją sprawę i czekał na radę. Jamnik zaciągnął się głęboko fajeczką z futra, zachłysnął się dymem i rozkaszlał tak mocno, że upadł na ziemię.

Po chwili wstał, znowu się zaciągnął i rozkaszlał się jeszcze mocniej, tak że coś mu chrupnęło w krzyżu, i umarł. Zadumany Wasyl wyszedł z całkiem cichej już teraz pustelni i pomyślał, że sam musi coś poradzić. Jak pomyślał, tak zrobił. Pod osłoną nocy wykonał z papy i drutu swoją własną podobiznę. Kukła była idealną kopią Wasyla. Następnie przerzucił manekina przez druty wysokiego napięcia i patrzył, jak jego dzieło zamienia się pod wpływem elektryczności w zetlałe truchło. Dreszcz mu przeszedł po plecach, ale otrząsnął się i ruszył wykonać drugą część planu. Wrócił do siebie i zatelefonował do motyla Emila, zresztą debila. Mocno zmieniając głos, powiedział: „Słuchaj, Emilku debilku. Słyszałeś, że Wasyla zabił prąd?”. Nie czekając na odpowiedź, rzucił słuchawkę na widełki i popędził w las. O świcie przy słupach linii wysokiego napięcia był już tłumek leśnych mieszkańców. Wpatrywali się w resztki wiszące na drutach, śpiewali piosenki i tańczyli w koło. „Chyba mnie żałują – pomyślał Wasyl. – Teraz mogę im się pokazać i zobaczymy, jak im będzie przykro, że byli dla mnie tacy niemili”. Z okrzykiem „Hało, riebiata!” wybiegł z zarośli. Niedaleko dobiegł, gdyż już po chwili otrzymał kilka silnych uderzeń w ciemię i w plecy. Padając, usłyszał jeszcze, jak żubrzyca Zosia ryczy: „Dołożyć oszustowi!”. Potem już nic nie słyszał i nie czuł.

A po chwili na drutach wisiały już dwa osmalone truchła.

Od tego czasu tamtejsza linia wysokiego napięcia nosi nazwę linii dwuwasylewskiej. Ale to już zupełnie inna historia.

MGR CZUPURNY RADZI

Znowu jestem, żeby służyć pomocą i poradą wszystkim, którzy szukają rozumnego i delikatnego przyjaciela. Gotów jestem wyjść wam naprzeciw jak przysłowiowy palec w bucie. Zaciekawiła mnie bardzo korespondencja nadesłana przez Mariana Cz. z Kijowa. Marian pisze: „Darogoj Czupurnyj, u mienia niemnożko polskowo jazyka, potomu szto moja rodzina wiemigrirowała do ruskowo sojuza oczeń dawno, jeszczo pieried bitwoj pod Grunwaldom. A ja czujus cełkowitym Poljakiem i mużczinoj. I ja tak by chotieł z polskoj diewoczkoj pogawarit' ili posmatrit' na niejo rukami. No u mienia niet dieneg. Biednyj ja, moja mamuszka i babuszka, biednyj otiec, wuj i tietka. My wsie biednyje kak miki maus. Tak praszu, Czupurnyj, prislij ty mienia tysiacz dołłarow, sztoby ja prijechał do mojej otczizny i pogawarił z diewoczkami".

Drogi Marianie – już lecę na pocztę!

Wybrane fragmenty dzienników na temat państwa Koźlików

Wtorek, połowa maja

Spotkałem inżyniera K. na podwórku. Był umorusany, ale pogodny. Powiedział, że korzystając z wciąż niewykorzystanych dni urlopowych, postanowił zrobić małżonce nie lada niespodziankę wakacyjną. W tajemnicy wydobył z czeluści piwnicy to, co pozostało z jego niegdysiejszej dumy – motocykla Lelek z WSK. Mozolnie odtwarzał wieczorami sfatygowaną maszynę, uzupełniał i dorabiał części, malował, polerował chromy, aż wreszcie z satysfakcją uruchomił próbnie jednoślad i zrobił tryumfalną rundę dookoła trzepaka. Ukoronowaniem tych prac miała być motorowa wyprawa z żoną w nieznane, a konkretnie: nad Kanał Żerański. Aby w drodze żona się nie nudziła, inżynier zainstalował jej w kasku dwie słuchawki ze starego telefonu i połączył je kabelkiem z przenośnym magnetofonem kasetowym MK 232p.

Niedziela, ta sama połowa, ale później

Przygnębiony inżynier opowiada: „Już na starcie podróży uruchomiłem magnetofon i puściłem małżonce kilka pieśni motocyklowych, między innymi *Born to Be Wild*. To był dopiero początek. Już po chwili zaniepokoiły go gwałtowne szarpnięcia, które poczuł za plecami. Kiedy zerknął w lusterko wsteczne, zobaczył coś, czego nie zapomni do końca życia. Podniecona muzyką i pędem maszyny pani Koźlikowa, jadąc bez trzymanki, rozpięła bardzo drastycznie bluzkę w misie i krzyczała wniebogłosy coś, co brzmiało jak „Dawaj czadu, ty Koźliku gnuśny!". Następnie zażądała, by inżynier wpuścił ją na siodełko kierowcy. Powiedziała, że zaraz po powrocie do domu kupi sobie wszystko ze skóry i wytatuuje zionącego ogniem diabła pod piersiami. Na szczęście w trakcie odbywającej się w ruchu przesiadki z siodełka na siodełko motocykl szarpnął i wpadł z państwem Koźlikami do kanałku. Po powrocie (autobusem) do domu pani Koźlikowa nie mówiła już o tatuażach, tylko zamknęła się w łazience, twierdząc, że musi porządnie wysuszyć bluzeczkę i jeszcze raz wszystko przemyśleć...

Z OSTATNIEJ CHWILI: JAK DONOSI NASZ KORESPONDENT,
W OKOLICACH KALISZA PANUJE DZIWNA CISZA.
ZA TO W KROŚNIE — ZNACZNIE GŁOŚNIEJ.

LEGENDA O ŻELAZNYM KARLE I JEGO MASELNICY

Motto:
Dlaczego mysz nie może mieć wąsów?
Mysz nie może mieć wąsów, ponieważ jest stworzeniem bardzo starym.

elazny karzeł imieniem Wasyl żył w podziemiach ukrytej w nieprzebytych lasach Mleczarni Wysyłkowej imienia Kostki Napierskiego. Żył tam od dawna i nikomu nie wadził, pracował uczciwie, zarabiając na życie polowaniem na dzikie masło i zastawianiem wnyków na serwatkę. Przełożeni byli z niego zadowoleni, czego wyrazem było odznaczenie Wasyla drewnianą nogą trzeciej klasy i okularami ochronnymi ze smalcu.

Nic by nie zakłóciło sielankowej egzystencji żelaznego karła, gdyby nie to, co zdarzyło się w pewien piękny grudniowy poranek. Tego dnia do portu zawinął dziwny żaglowiec. Maszty miał strzeliste jak rabarbar, ale zwisały z nich postrzępione żagle. Na pokładzie kręciło się kilka dziwnie odzianych postaci. Smukły dziób dziwnego statku wieńczyła rzeźba pięknej kobiety o twarzy konia. Na wysmaganych wichrami deskach poszycia widniała wykaligrafowana złotymi literami nazwa „Maselnica". Wasyl nie umiał czytać, więc nie zrozumiał dokładnie napisu. Wpatrywał się w niemym zachwycie w szlachetne rysy drewnianej piękności. Jego żelazne serce z brzękiem zaczęło łomotać po całym ciele. Po raz pierwszy od wieków w Wasylu obudziło się uczucie. W pewnym momencie do wypełnionych niebiańską muzyką uszu karła dobiegł czyjś głos z pokładu: „Ładna ta nasza Maselnica, co?". Żelazny karzeł drgnął... Maselnica? A co to za bezczelne przezwisko!

Postanowił natychmiast zatłuc typa, który bruka czyste piękno. Wściekle runął do przodu z okrzykiem: „Nie będziesz mi tu, przybłędo, przezywał tej morskiej bogini!". Źle jednak obliczył odległość i z całym impetem palnął żelaznym czołem w betonowy falochron.

Pękła z głuchym łomotem metalowa czaszka Wasyla. A piękna Maselnica, niepomna jego poświęcenia i uczucia, po dziś dzień krąży po nienazwanych krainach w poszukiwaniu Żar-Ptaka. I tylko kiedy przypomni sobie karła Wasyla, puka się z niewesołym uśmiechem w drewniane czoło i porozumiewawczo chrząka.

MGR CZUPURNY
RADZI

Hej, tu znowu wasz Rysiek Czupurny w celu pomocy na wasze kłopoty, a także zgryzoty! Ten zgrabny wiersz ułożyłem sam, po przeczytaniu *Ojca zadżumionych*. Jednak poezja to jest potęga. Albo weźmy taki Puszkin – też w kij nie dmuchał! Ale wracajmy do przysłowiowych jaj. Oto list od Ramireza Ochabalana z Sosnowca. Ramirez przysyła mi zdjęcie swojej, jak pisze, niewolnicy Jagny w stroju wyjściowym, na koniu. Szczerze mówiąc, konia tu w ogóle nie widać, chyba że jest bardzo malutki. Co do stroju wyjściowego, to powiedziałbym raczej, że jest to strój w e j ś c i o w y – d o w a n n y. Sądzę, drogi Ramirezie z Sosnowca, że jesteś zwyczajnym wariatem. W Polsce nie wolno posiadać niewolników i nie wolno zmuszać ich do pozowania bez stroju. Nie wolno też oferować ich na sprzedaż, tak jak to czynisz pod koniec swojego listu. Zresztą cena jest zdecydowanie za wysoka. Chyba nie myślisz, że ja tu zarabiam miliony? Jeśli zgodzimy się na połowę tego, co chcesz, możemy się dogadać. Jeśli nie, będziesz musiał dać Jagnę swojemu lwu do zeżarcia. Daj mi znać, co postanowiłeś.

NUMER
POTRÓJNY

12

Z pamiętnika doktora Wyciora | CZ. 9

Niedziela

Czterdziestoośmiogodzinny dyżur. Nudy potworne. I nagle niemal jednocześnie dwa porody na różnych piętrach. Miałem płaty przed oczami. Chyba wezmę małą dawkę czegoś na wzmocnienie.

Niedziela, nieco później

Awantura z palaczami, którzy chcieli wcześniej wyjść. W zetknięciu z brutalną siłą inteligent nie ma szans. Znowu płaty. Wezmę dwie dawki.

Godzinę później

Na wszelki wypadek nalałem jeszcze ampułkę, bo szykowała się rozprawa z salową. A może to były dwie ampułki? Nie wiem dokładnie, bo płaty przed oczami się zagęściły.

Dwie godziny później

Koniec dyżuru. Czuję się świetnie. Zajrzeli palacze, dostali po pysku. Salowa leży związana w magazynie, noworodki dostały po kieliszku, matki po dwa. Jestem nadczłowiekiem. Niech tylko ordynator tu zajrzy, to się przekona, co to znaczy zadzierać z geniuszem medycyny. Na razie pośpiewam.

MROCZNY SEKRET WASYLA
I NIEUCHRONNA KARA

elazny karzeł imieniem Wasyl mieszkał, jak wiadomo, u zacnej staruszki imieniem Genowefa Jackiewicz. Poczciwa babcia dbała o niego, gotowała mu jego ulubione mutry w szutrze, cerowała porwaną opończę i sprzątała jego ohydną norę. Karzeł, niestety, odpłacał jej zaledwie warknięciem albo błyskiem metalowych zębów.

Któregoś dnia Wasyl wemknął się, jak zwykle cichaczem, do domu, tuląc do siebie coś zawiniętego w brudny worek. Szybko zaryglował drzwi i nie odpowiadał na pukanie zaniepokojonej Genowefy. Staruszka próbowała zajrzeć przez dziurkę od klucza, ale w norze karła było ciemno. Przez chwilę jednak wydawało się jej, że coś błysnęło błękitnie. Od tego dnia karzeł prawie nie wychodził od siebie. Na uporczywe pytania starej kobiety odpowiadał zdawkowo: „Spadaj, Gena".

Mimo tych bolesnych słów Genowefa, trawiona ciekawością, usiłowała podsłuchiwać pod drzwiami Wasyla. Czasami wydawało się jej, że słyszy dziwną muzykę, czasem jakby przytłumiony gwar, czasem śmiechy. Dziwiło ją to, gdyż wiedziała, że karła nikt nie odwiedza. Czujnie obserwując wejście do nory Wasyla, Genowefa zobaczyła, jak jej tajemniczy lokator nagle wyszedł, zamknął drzwi wielkim kluczem i pobiegł w stronę lasu, mrucząc nerwowo: „Rety, ale mnie wzięło!". Wścibska staruszka, korzystając z niespodziewanej i zapewne krótkiej nieobecności swojego lokatora, spróbowała dopasować jeden z dużego pęku zardzewiałych kluczy, które od niepamiętnych czasów wisiały nad kuchnią. Po kilku nieudanych próbach zamek nareszcie szczęknął, jęknął i ustąpił. Genowefa nacisnęła klamkę i z wolna zaczęła uchylać drzwi. Zdziwiona, usłyszała jakieś głosy, potem błysnęło coś błękitno i zapadła mroczna cisza.

W tej właśnie chwili, ze słowami: „To był ostatni moment", powrócił Wasyl. Ujrzawszy Genowefę w progu swojej jamy, rozwścieczony jej dociekliwością, zdzielił ją stojącym przy drzwiach toporem przez plecy. Rozjuszony, źle obliczył moc uderzenia. Pchany straszliwą siłą topór po całkowitym rozpłataniu pleców Genowefy kontynuował swą morderczą drogę i odbiwszy się od Genowefy, z całym impetem wyrżnął karła w żelazną szyję.

A w ciemnościach Wasylowej nory gwarzył cicho i połyskiwał błękitnie mały poobijany telewizor turystyczny produkcji Chińskiej Republiki Ludowej.

MGR CZUPURNY
RADZI

Teraz mamy czas ładnej pogody, a więc czas zabaw, zaręczyn, a nawet ślubów. Wiele pytań dotyczy zasad zachowania się podczas przyjęć zarówno w pomieszczeniach, jak i na wolnym powietrzu. Piszą głównie ludzie młodzi, niedoświadczeni, szukający dopiero wzorów postępowania. A ja, jak to ja, chętnie pomagam radą, w końcu nie bez przysłowiowej kozery nazywam się Czupurny czy jakoś tam. Przejdźmy jednakowoż do waszych pytań. Na początek odpowiem zniecierpliwionej Kici z Zamościa.

Kiciu, rzeczywiście, tańcząc z tobą, Wiktor nie powinien umawiać się na łódkę z twoją druhną Violą, tym bardziej że byliście dopiero kwadrans po ślubie. Niemniej uważam, że twoja reakcja była trochę za gwałtowna. Przyznaję, że nie wiem, jak określa się wdowę, która nie ma za sobą nocy poślubnej.

Teraz o uwagę proszę Lutka z Bremerhaven. Nie, Lutku, obawiam się, że nieznajomość języka nie będzie w twoim wypadku okolicznością łagodzącą. Oczywiście, możesz utrzymywać, że wspomniana przez ciebie Berta z Hanoweru wprowadziła cię w błąd, bo myślałeś, że krzyczy z zadowolenia. Poza tym mam jeszcze jedną niedobrą wiadomość: otóż wypowiadane przez nią wielokrotnie słowo *„Hilfe"* zdecydowanie nie znaczy „całuj mnie, całuj". Wydaje mi się, Lutku, że będziesz miał kłopoty. Niemniej serdecznie cię pozdrawiam.

AUDYCJA
ODLOT

13

SPOSTRZEŻENIA PANA HENIA

Dr Wycior: Siostro, czy mamy jeszcze dzisiaj jakieś testy? Trochę mi się spieszy...

Siostra: Jak to, pan doktor nie pamięta? Na teraz jest zapisany pan Henio!

Dr Wycior: To dlaczego pani go nie wprowadza?

Siostra: Pan Henio jest trochę nie w formie, założył się z wydziałem intensywnej terapii, że sfermentuje kluski śląskie.

Dr Wycior: I co?

Siostra: I wygrał.

Dr Wycior: Trudno, niech go pani wprowadzi.

Słychać podejrzane hałasy.

Henio: Panie doktorze, czy ja mogę później przyjść albo najlepiej jutro?

Dr Wycior: Co pan, panie Heniu, przecież zawsze tak się pan rwie do testów, żeby wreszcie stąd wyjść...

Henio: Tak, tak, jutro już od rana będę się rwał, ale na razie oni mi są winni za ten zakład, co wygrałem, to jeśli pan pozwoli, ja się z nimi rozliczę i jutro...

Dr Wycior (*zły*): Żadne jutro, nie mam czasu na fanaberie. Proszę, tu są testy. Należy połączyć nazwy stolic z państwami...

Henio (*bardzo szybko*): Proszę bardzo: Etiopia – Addis Abeba, Birma – Najpjidaw, Surinam – Paramaribo. Mogę już iść?

Dr Wycior: Panie Heniu! To jest test! Od tego zależy pana przyszłość. Dobrze pan połączył państwa ze stolicami, ale to nie wszystko...

Henio (*nerwowo wtrąca*): Może jutro...

Dr Wycior: Żadne jutro. Proszę mi powiedzieć, co pan widzi na tej oto ilustracji?

Henio: Jak to? Przecież każdy głupi widzi, że to są schematy ważniejszych związków heterocyklicznych, czyli organicznych związków cyklicznych, w których co najmniej jeden układ cykliczny zawiera jeden lub więcej atomów pierwiastków innych niż węgiel... Wyróżniam tu więc furan, tiofen, pirazol, przypominam – $C_3H_4N_2$, oksazynę, kumaron, czyli benzofuran...

Dr Wycior (*wrzeszczy*): Pan oszalał! Przecież na tej rycinie jest królik!!

Henio: Jaki królik, gdzie to ma wąsy? Pan sam oszalał, mogę już iść?

Dr Wycior: Rany boskie, siostro, co pani mi dała, to są faktycznie heterocykliny, gdzie jest królik?

Siostra: Nie wiem, tu u pana jest zawsze taki bałagan... Królika nie widziałam już od niedzieli.

Dr Wycior: Dobra, dobra, niech siostra lepiej wypłucze strzykawki, zamiast gadać. Panie Heniu, pan jest zdrowy, mogę pana wypisać!

Henio: Niech pan mi nie zawraca głowy wypisywaniem, ja teraz muszę wracać na intensywną terapię.

Dr Wycior: Siostro, co to wszystko ma znaczyć?

Siostra: Panie doktorze, mówiłam przecież, że pan Henio założył się z intensywną terapią, że jak mu się uda sfermentować te kluski śląskie, to w nagrodę dostanie na zawsze duplikat kluczyka do szafki z dezynfektantami.

Dr Wycior: To koniec, on się już teraz stąd nie da ruszyć...

Siostra: Jasne, nie ma mowy! O proszę, tu pod bandażami znalazłam tę planszę z królikiem, o którą pan pytał. A, i jest też locha karmiąca małe... Co to? Dlaczego doktor mnie szarpie? Niech pan przestanie, nie za włosy, przecież czepek mi wpadł do maści! To nie moja wina, że pan Henio wygrał ten zakład!

WASYL W KOSMOSIE

 elazny karzeł imieniem Wasyl postanowił dokonać czegoś wielkiego. Chęć ta wynikała z podejrzenia, że inni mieszkańcy lasu nie cenią go tak, jak powinni.

Początkowo Wasyl walczył ze swoim kompleksem niższości za pomocą siły. Zaraz po niedzieli zabił motyla Emila, uderzając go kindżałem między czułki. W środę chciał wykończyć kreta Złotkiewicza, ale zaplątał się w przewody od miotacza ognia i w rezultacie sam się w paru miejscach boleśnie rozhartował. Sobota przyniosła kolejne rozczarowanie – wiewiórka Łysa Skórka, którą chciał Wasyl wbić na specjalnie wystrugany pal, odmówiła i co gorsza, tak mocno pchnęła żelaznego karła, że ten wpadł pod samochód dostawczy. Miara upokorzeń dopełniła się tegoż dnia wieczorem, kiedy Wasyl dowiedział się, że motyl Emil wcale nie zginął. Kindżał Wasyla ześliznął się bowiem po pancerzyku chitynowym chrząszczycy, z którą wówczas Emil się całował, i wyrządził jedynie szkody moralne. Wasyl był załamany. Wobec totalnego fiaska akcji mającej podbudować jego morale żelazny karzeł zaczął myśleć o wyjściu eskapistycznym, konkretnie: o podróży w kosmos. Dospawał sobie do odwłoka rurę żeliwną wypełnioną materiałem pędnym, wymalował na bokach napisy „Apollo-Sojuz" i się odpalił. Niestety, nie zauważył, że się odpala pod osłoną wiaty na przystanku pekaesu. Zaraz więc po starcie uderzył ciemieniem w żeliwny wspornik daszka i wklinował się na amen.

Nazajutrz dzieci palnikami odcięły truchło Wasyla od konstrukcji przystanku i oddały je na złom. Za uzyskane pieniądze urządziły taneczną zabawę z grillem pod hasłem walki o lepsze jutro transportu autobusowego.

Wybrane fragmenty dzienników na temat państwa Koźlików

Urodziny pani Koźlikowej

Dawno nie widziałem inżyniera Koźlika tak wzburzonego jak podczas jego ostatniej u mnie wizyty. Głos mu drżał, ręce się trzęsły, całe piwo, które mu dałem na uspokojenie, wylał na koszulę i spodnie. Zamiast relacjonować jego wypowiedź, zacytuję ją *in extenso*:

„Więc, panie redaktorze, mówię panu, babom nie można nic dobrego zrobić, bo zaraz małpiego rozumu dostają. Moja żona na swoje urodziny, już nie powiem które, zażądała między innymi płyty ABBY, bo na moje nieszczęście przypomniała sobie, że na początku małżeństwa tośmy tańczyli niektóre ich kawałki na wczasach. Wtedy to nawet chciałem, ale nie bardzo co mogłem jej kupić, bo nic w sklepach nie było, a jak już, to na kartki. Teraz to zupełnie co innego – powodzi nam się, ostatnio nawet dostałem podwyżkę, chyba z siedemdziesiąt złotych, to mówię sobie: kupię jej tę płytę, a do tego może i wina jakiego słodkiego, niech ma. Jak pomyślałem, tak zrobiłem. Nawet się ucieszyła, więc jej to wino otworzyłem i wyskoczyłem jeszcze po ciastka, bo ona bardzo jest za słodkim. Była kolejka, trochę mi zeszło. Wracam wreszcie, a już na schodach czuję spaleniznę. »Matko! – myślę – chyba nie u nas!« Dochodzę do drzwi, a to u nas! Wpadam, a w stołowym taki widok! Wino wypite, na środku pokoju palą się biustonosze, muzyka ryczy, a moja stara w samych majtach tańczy dookoła pokoju. Zobaczyła mnie i wrzeszczy: »Przejrzałam na oczy, wreszcie się wyzwoliłam, zrozum to, karle!«. A ja, panie redaktorze, mam jednak te swoje metr siedemdziesiąt. No to mówię: »Przestań, złeź ze stołu, są ciastka«. A ona mi na to, że ma dość terroru i od jutra będzie śpiewać estradowo, wspomagając się tańcem ekstatycznym. Nie powiem, zepchnąłem ją ze stołu i teraz, jeśli pan pozwoli, to przeczekam u pana na fotelu. Rano powinno być już spokojniej".

Zdecydowanie po urodzinach pani K.

Zgłosiła się do mnie zawstydzona pani Koźlikowa. Oddała jajko, które pożyczyła na pisankę jakiś czas temu, i usiadła w kuchni. Zaczęła bez sensu pytać, czy mi się nie warzy ta nowa śmietanka, bo jej w ogórkowej zabielanej frędzle się porobiły. Coś jeszcze było o kompocie z marchwi, aż wreszcie przeszła do rzeczy. „Panie redaktorze, wie pan, że na moje urodziny coś we mnie pękło? Wiem, że mąż panu się skarżył. Ale to nie wino sprawiło. Pan mi popatrzy w oczy, i powie: czy można się zakochać bez miłości? Bo jeden znajomy z warzywniaka chce mi kupić, co zechcę, i wszędzie wozić swoim dostawczakiem, żebym tylko go, tego, no, bez pamięci. Pytam oczywiście teoretycznie, bo jak pan wie, mam męża Koźlika, ale bym chciała wiedzieć". Uznałem, że jakakolwiek odpowiedź będzie niefortunna, i otworzyłem bez słowa butelkę krzepkiej na gruszkach. Po zmroku odniosłem panią Koźlikową do jej mieszkania.

Druga połowa sezonu
Otrzymałem widokówkę od inżyniera Koźlika. Na jednej stronie jest barwna fotografia nadmorskiego stoiska z napisem „Smażalnia ryb", a na drugiej tekst. Oto on:

„Sz. Panie Red.!
Piszę krótko, bo się spieszę. Jestem właśnie na parodniowej integracyjnej kurso-konferencji mojego zjednoczenia. Po codziennych zajęciach obowiązkowych i kolacji o 17.30 przewidziany jest czas wolny. Bydźmoże spodziewam się wieczorku zapoznawczego. Jeżeli uda mi się zaciekawić pewną inżynier z Poznańskiego, to myślę, że po tańcach moglibyśmy wstąpić na szklaneczkę wermutu. Może nawet do mnie, bo inżynier Kosmaty, z którym mam pokój, mówi, że jakbyco, to on przekomaruje na tarasie. Więc proszę, redaktorze, o wytłumaczenie mojej żonie, że właśnie zaszła konieczność dodatkowych konsultacji i że wrócę bezględnie później, bo u nasz w zjednoczeniu żartów nie ma. Niech mi Pan to załatwi. Kupię Panu muszelkie.

Pzdr. K. (inż.)"

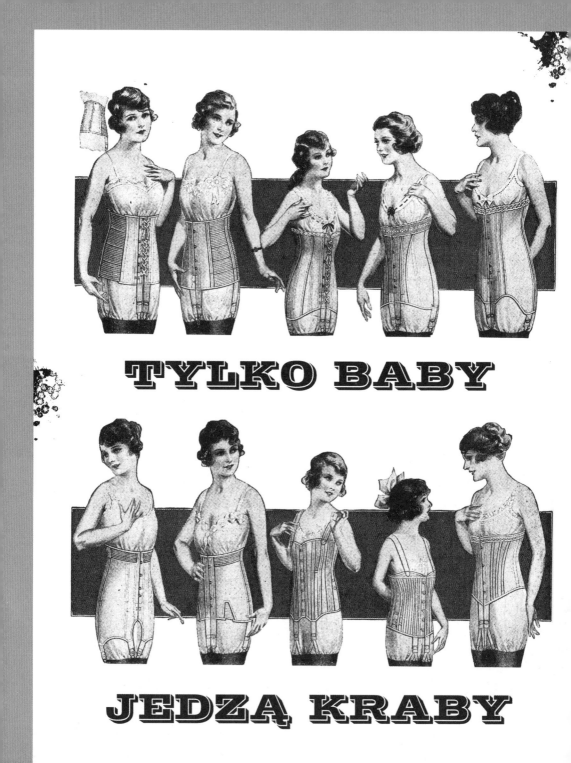

TYLKO BABY

JEDZĄ KRABY

Z pamiętnika doktora Wyciora | CZ. 10

Sobota

Już myślałem, że to będzie dobry tydzień. Niestety, dzisiaj tuż przed końcem dyżuru upuściłem w stołówce pojemnik pełen bakterii tyfusu. Nie chciałem ostentacyjnie zbierać mikrobów, żeby nie prowokować kłopotliwych pytań, więc tylko roztarłem ścierką plamę po podłodze.

Poniedziałek

Nie wiedziałem, że tyfus tak ładnie się przyjmuje i że aż tyle osób korzysta z naszej stołówki. Piszę te słowa w domu. Od rana dzwonię do szpitala i nikt nie odbiera. Może sieć padła?

DORADZTWO

INTYMNE

Tu Gandalf. Dziś wyjątkowo dwa listy. Zacznę może od pierwszego, drugi odczytując jako drugi. O! Pisze do mnie Lusia w imieniu swego tatusia: „Drogi Gandalfie! Wiem, że nie jesteś lekarzem, ale wierzę, że potrafisz pomóc. Otóż mojemu tatusiowi w miejscu zaznaczonym na zdjęciu, które załączam, zrobiło się takie coś jak na załączonym rysunku, który załączam. Tylko większe. Tatuś martwi się tym, ale nie chce iść do ośrodka zdrowia, bo mówi, że oni tam i tak mu tylko zaszkodzą. Radź, Gandalfie!".

Droga Lusiu, może wiem, co to jest, a może nie wiem. Jeśli mam naprawdę pomóc, postaraj się zrobić tatusiowi jeszcze jedno zdjęcie. Tylko podejdź bliżej, tak żeby na fotografii wyraźnie było widać tę część, którą zakreśliłaś ołówkiem kopiowym. Byłbym serdecznie zobowiązany, gdybyś mogła tę fotkę wykonać na błonie kolorowej i poprosić tatusia, aby podpisał się dla mnie na odwrocie. Życzę wszystkiego dobrego...

I jeszcze jeden list, chyba wreszcie od chłopaka. Tak! Pisze do mnie Jura Krakowsko-Częstochowski. „Gandalfie, mam świetną sytuację materialną, mam samodzielny pokój w nowym budownictwie i wnękę z kuchenką na dwa palniki, mam bardzo mało używany telewizor lampowy do odbioru programu czarno-białego na dwóch kanałach, mam radio Ramona na kilka zakresów, materac Jogi i sporo bielizny. A jednak czegoś mi brak. Co robić?"

Cóż, mój drogi Jura, tylko pozazdrościć komfortu. A że czegoś brak? Mnie też kiedyś czegoś brakowało. Do chwili, w której spotkałem pana Karola, doświadczonego i przyjaznego mężczyznę. Pan Karol wszystko mi spokojnie wytłumaczył, po prostu, że tak powiem, wyłożył mi wszystko na ławę. A ile przy tym było śmiechu! Tobie też to potrzebne. Nie szukaj złudnej pomocy niewiast! Podaj koniecznie swój dokładny adres, coś wspólnie zaradzimy. A teraz muszę kończyć, bo gdzieś mi się zawieruszyła torebka z grzebykiem, a coś mi się porobiło z włosami. Pa!

GANDALF

MGR CZUPURNY
RADZI

Oj, mam też z wami trzy światy. O takie rzeczy pytacie, że aż wstyd. Oczywiście, że nie wpychamy narzeczonej w obrotowe drzwi w hotelu pierwszej. Mężczyzna zwykle ma więcej siły i idąc z tyłu, może narobić dziewczynie bigosu. Tak się zdarzyło Władkowi z Trójmiasta. Niestety, Władku, kierownictwo hotelu ma rację. Powinieneś pokryć koszty wyciągnięcia twojej Violetty spod zakleszczonego skrzydła drzwi, a także zwrócić za czyszczenie dywanu. Pretensje Violi to już inna sprawa – powiedzmy sobie szczerze, mogła się z tobą nie spotykać.

I list od Witka ze Szwajcarii Kaszubskiej. Piszesz, że żona cię opuściła w środku tygodnia, konkretnie – w czwartek, całkowicie bez dania racji. I co ja bym w takiej sytuacji zrobił. Podejrzewam, że nie piszesz całej prawdy. Tajemnicza Lucyna, która feralnego czwartku powiedziała twojej żonie, cytuję: „Spadaj", najwyraźniej nie była nikim z rodziny. Również fakt, że wcześniej kazała twojej małżonce zrobić – znowu cytat – jaja na boczku, ale migiem, wydaje się dowodzić, że żona twoja nie była równoprawnym uczestnikiem tego, jak to określasz, „spóźnionego, lecz skromnego pożegnania towarzysza Babiucha". Chętnie skonsultuję kolejne twoje okazje do świętowania, a w niektórych nawet mogę wziąć udział, o ile Lucyna też wyrazi chęć.

PORADNIK PODRĘCZNY

W gospodarstwie domowym częstokroć spotkać można tajemnicze substancje, zagadkowe resztki zawinięte w sreberko albo zamrożone w plastikowych torebkach pozostałości czegoś. Dobra gospodyni, szczególnie teraz, w ciężkich czasach, niczego bezmyślnie nie wyrzuca. Ale też pamiętajmy, że pośród spiżarniowych czy lodówkowych znalezisk mogą być zarówno produkty wartościowe, jak i zdradliwe, przeterminowane albo i takie, w których zaszły najróżniejsze reakcje, na przykład chemiczne.

Podajemy więc naszym czytelnikom niezawodny sposób pozwalający ocenić, czy kwestionowana substancja jest jeszcze przydatna, czy już nie. Należy wybraną próbkę włożyć do ust i po ewentualnym pogryzieniu przełknąć.

Po odzyskaniu przytomności pytamy opiekującą się nami osobę (lekarza, salową), co nam zaszkodziło, i mamy bez fatygi odpowiedź podaną jak na talerzu.

Uwaga! Osoby samotne powinny bezpośrednio po przetestowaniu produktu wyjść na ulicę.

ŻELAZNY KARZEŁ MYŚLI
O LATANIU

elazny karzeł imieniem Wasyl zawsze zazdrościł ptakom umiejętności latania. Podziwiał lekkość, z jaką wzbijają się w powietrze, godzinami potrafił obserwować powietrzne zawijasy jaskółek czy wróbli.

Marzył, by wznieść się kiedyś w powietrze. Nocami śnił, że szybuje nad lasem, a leśna społeczność z podziwem przypatruje mu się z ziemi. Kiedyś nawet przyśniło mu się, że poślubił latającą karlicę. Latanie stało się jego obsesją. Postanowił, że nauczy się szybować w powietrzu jak jego skrzydlaci idole. Najpierw obserwował i analizował wszystkie przykłady lotów, a nawet dalszych skoków.

Przez dłuższy czas chodził po lesie za wiewiórką Łysą Skórką, gdyż chciał poznać sekret jej długich susów z gałęzi na gałąź. Trzeciego dnia złapał ją, gdy siedziała na niższej gałęzi, i rozerwał jej tylne nóżki w poszukiwaniu ukrytego tam motorka albo śmigiełka. Motorka ani śmigiełka nie znalazł, a Łysa Skórka już tak ładnie i daleko nie skakała.

Wasyl nie mógł zrozumieć dlaczego. Wziął się więc za ptaki. Wronę Balbinę zbadał za pomocą śrubokrętu i imadła. Mimo wysiłków karła do tragicznego dla niej końca nie zdradziła mu źródła swego napędu. Wróbelek Elemelek bronił się bardzo krótko, ale wynik badania był także niejednoznaczny. Wasyl doszedł do wniosku, że demontaż ptaków lub ssaków w dużym stopniu ogranicza ich możliwości napowietrzne. Stara mądra sowa Wielkogłowa puściła farbę dopiero, gdy zostały na niej już tylko trzy pióra, i to nie tam, gdzie machała. Wtedy właśnie Wasyl dowiedział się o roli skrzydeł w locie. Po spotkaniu z sową prace badawcze żelaznego karła uległy zahamowaniu aż do spotkania lotnika, który po katapultacji zawisł zaczepiony spadochronem o drzewo. Lotnik, początkowo małomówny, bardzo rozgadał się po podłączeniu go do prądu. W ciągu paru minut Wasyl poznał zasady aerodynamiki, a przy okazji także historię całej rodziny lotnika i wszystkie inne jego sekrety osobiste, a także szczegóły życia jego znajomych i sąsiadów, gdyż podłączony do generatora pilot mówił bardzo szybko i wielowątkowo.

Po kilku tygodniach żelazny karzeł, posiłkując się zdobytą wiedzą, skonstruował specjalny szkielet nakładany na ciało i zaopatrzony w skrzydła, które pożyczył w nocy od bociana Romana. (Roman nic nie wiedział o pożyczce, więc kiedy następnego ranka zechciał polecieć na żaby, śmiechu musiało być co niemiara). Na głowie Wasyl miał pilotkę pilota, a od pasa w dół na wszelki wpadek aerodynamicznie rozpostartą kopię kosmatych łapek wiewiórki Łysej Skórki, na którą poszły obydwie jej siostry. W niedzielę o godzinie dziesiątej odbył się wielki dziewiczy lot Wasyla. Karzeł wystartował z najwyższej sosny w lesie. Spadł krótko po starcie, w kilku oddalonych od siebie miejscach. W poniedziałek odbyły się jego symboliczne pogrzeby.

spis treści

Pojawiają się
w kolejności alfabetycznej:

REDAKCYJNA
LISTA PŁAC

Opracowanie graficzne
wybór fotografii do reklam
zdjęcia murali z krakowskiego Kazimierza
Witold Siemaszkiewicz

Rysunki
Maria Makuch

Redaktor układu
Damian Strączek

Ustawka fotografii
Dorota Gruszka

Konsultacja merytoryczna i tortury
Dr Jerzy Illg

Adiustacja
Julita Cisowska

Korekta
Bogumiła Gnyp
Barbara Gąsiorowska
Katarzyna Mach

Redaktor techniczny
Irena Jagocha

ISBN 978-83-240-2200-7

znak

Książki z dobrej strony: www.znak.com.pl
Społeczny Instytut Wydawniczy Znak, 30-105 Kraków, ul. Kościuszki 37
Dział sprzedaży: tel. 126199569, e-mail: czytelnicy@znak.com.pl
Wydanie I, 2012. Printed in EU

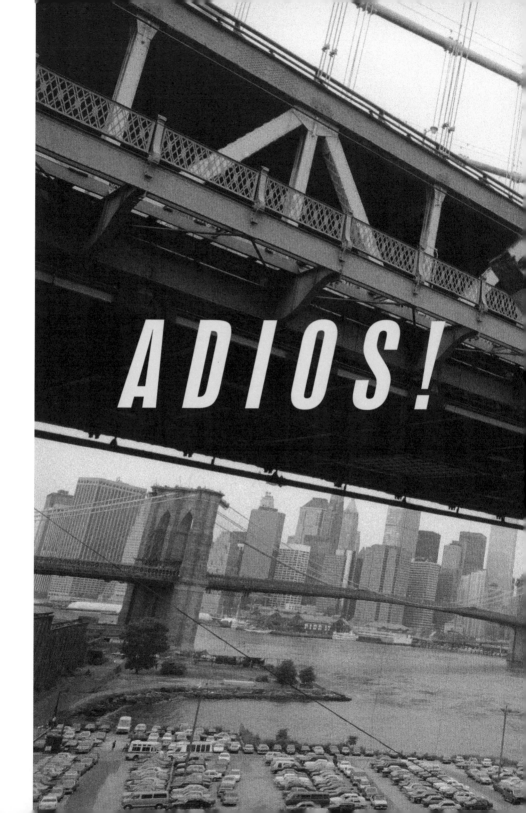

Więcej już nie będzie. Oczywiście od poniedziałku siadam
do pisania nowej, bardzo grubej książki.
Przepraszam, że krótko piszę, ale kończy mi się prąd.
Z szacunkiem
wm